GW01605255

O Monge Que Vendeu o Seu Ferrari

Robin S. Sharma

O Monge Que Vendeu o Seu Ferrari

Uma Fábula Espiritual

Tradução:
Tânia Ganho

Pergaminho

Título: O Monge Que Vendeu o Seu Ferrari
Título original: The Monk Who Sold His Ferrari
Autor: Robin S. Sharma
Tradução: Tânia Ganho
Editora: Joana Neves
Produção editorial: Fátima Sousa
Design da capa: Marta Teixeira
Pré-impressão: Gráfica 99
Execução gráfica: Bloco Gráfico, Unidade Industrial da Maia

Editora Pergaminho é uma chancela da Bertrand Editora, Lda.

www.pergaminho.pt

1.ª edição, junho de 2004
9.ª edição, dezembro de 2012
Reimpresso em junho de 2021
ISBN 978-972-711-948-6
Depósito Legal n.º 352 426/12

Para o meu filho Colby,
que todos os dias me lembra tudo o que
há de bom neste mundo. Abençoado sejas.

Agradecimentos

O Monge Que Vendeu o Seu Ferrari foi um projeto muito especial, tornado possível pelos esforços concertados de várias pessoas igualmente especiais. Os meus agradecimentos mais sinceros à minha extraordinária equipa de produção e a todos aqueles cujo entusiasmo e energia transformaram a minha visão deste livro em realidade, especialmente a minha família da Sharma Leadership International. O vosso empenho e espírito de missão comovem-me.

Um obrigado especial:

- aos milhares de leitores do meu primeiro livro, *MegaLiving!*, que simpaticamente se deram ao trabalho de me escrever e partilhar comigo as suas histórias de sucesso, ou de participar nos meus seminários. Obrigado pelos vossos inesgotáveis apoio e amor. É graças a vocês que faço o que faço;
- a Karen Petherick, pela tua capacidade de liderança e pelos teus incansáveis esforços para manter este projeto dentro do prazo previsto;
- ao meu amigo de adolescência, John Samson, pelos teus perspicazes comentários aos meus escritos iniciais, e a Mark Klar e Tammy e Shareef Isa, pelas vossas opiniões cruciais sobre este manuscrito.
- a Ursula Kaczmarczyk, do Ministério da Justiça, pelo teu incentivo e apoio;
- a Kathi Dunn, pela genial conceção da capa. Pensei que nada pudesse superar *Timeless Wisdom for Self-Mastery* mas, pelos vistos, estava enganado;
- a Mark Victor Hansen, Rick Frishman, Ken Vegotsky, Bill Oulton e, essencialmente, a Satya Paul e Krishna Sharma.
- e acima de tudo, aos meus maravilhosos pais, Shiv e Shashi Sharma, que me orientaram e ajudaram desde o primeiro dia;

ao meu leal e sensato irmão, Sanjay Sharma, médico, e à sua excelente mulher, Susan; à minha filha, Bianca, pela tua presença; e a Alka, minha mulher e melhor amiga. Todos vocês são a luz que me indica o caminho;

- a Iris Tupholme, Claude Primeau, Judy Brunsek, Carol Bonnett, Tom Best e Michaela Cornell e a toda a extraordinária equipa da HarperCollins, pela vossa energia, entusiasmo e fé neste livro. Um obrigado muito especial e sentido a Ed Carson, presidente da HarperCollins, por ter visto imediatamente o potencial deste livro, por acreditar em mim e fazer com que as coisas aconteçam. Aprecio profundamente a sua orientação.

Para mim, a vida é tudo menos uma chama fugaz. É uma espécie de magnífica tocha ardente que empunho neste momento e que eu quero que brilhe o mais possível antes de a passar às gerações futuras.

George Bernard Shaw

1

O despertar

Ele caiu redondo em pleno tribunal cheio de gente. Era um dos advogados mais conceituados do país. Era também um homem tão conhecido pelos seus fatos italianos de três mil dólares, que vestiam a sua estrutura bem nutrida, como pela sua notável lista de vitórias jurídicas. Eu fiquei parado a olhar, paralisado pelo choque do que acabara de ver. O grande Julian Mantle fora reduzido ao papel de vítima e contorcia-se no chão como uma criança indefesa, a tremer e a suar como um louco.

A partir daí, foi como se tudo se movesse em câmara lenta. «Meu Deus, o Julian está a passar mal!», gritou a sua assistente jurídica, dando-nos um ofuscante vislumbre emocional do que era óbvio. A juíza fez uma cara de pânico e apressou-se a pegar no telefone que mandara instalar para a eventualidade de uma emergência. Quanto a mim, continuei ali especado, estupefacto e confuso. *Por favor, não morras, seu tolo! É demasiado cedo para desistires da vida. Não mereces uma morte como esta.*

O guarda do tribunal, que antes parecia que tinha sido embalsamado naquela posição de estátua, deu um salto e começou a administrar os primeiros socorros ao herói caído por terra. A assistente jurídica colocou-se ao lado dele, os seus longos caracóis louros caindo sobre o rosto afogueado de Julian, sussurrando-lhe palavras reconfortantes, palavras que obviamente ele não conseguia ouvir.

Eu conhecia Julian há dezassete anos. Conhecemo-nos quando eu era um jovem estudante de Direito e fui contratado por um dos colegas dele, como estagiário, para fazer trabalho de pesquisa durante o verão. Nessa altura, ele tinha tudo. Era um advogado brilhante, atraente e destemido, com sonhos de grandeza. Julian era a nova estrela da firma; o fazedor de sonhos em potência. Lembro-me de passar pelo seu imponente gabinete, numa noite em que fiquei a trabalhar até tarde, e de ver de relance a citação emoldurada que ele pendurara por cima da sua enorme mesa de carvalho. Era de Winston Churchill e dizia muito sobre o homem que Julian era:

> Tenho a certeza de que hoje somos senhores do nosso destino, que a tarefa que temos perante nós não está acima das nossas forças; que as dores e dificuldades não estão para lá das nossas capacidades de resistência física. Enquanto tivermos fé na nossa própria causa e uma indomitável vontade de ganhar, a vitória não nos será negada.

Julian vivia de acordo com o que pregava. Era resistente, motivado e estava disposto a trabalhar dezoito horas por dia para conquistar o êxito que ele acreditava ser o seu destino. Ouvi dizer que o seu avô fora um conhecido senador e o pai um juiz muito conceituado do Tribunal Federal. Era óbvio que ele vinha de uma família com dinheiro e que sobre os seus ombros vestidos de Armani pesava um fardo de enormes expectativas. Confesso, porém, uma coisa: ele tinha as suas leis próprias. Estava determinado a fazer tudo à sua maneira; e adorava as luzes da ribalta.

O histrionismo gritante de Julian aparecia regularmente nas páginas dos jornais. Os ricos e famosos recorriam a ele sempre que precisavam de que um soberbo estratega jurídico com uma certa agressividade. As suas atividades extracurriculares eram igualmente conhecidas. As suas visitas noturnas aos melhores restaurantes da cidade, na companhia de modelos jovens e *sexy*, e as noites de copos com o ruidoso grupo de corretores a que ele chamava a sua «equipa de demolição» tornaram-se lendárias na firma.

Continuo, até hoje, sem perceber porque é que ele me escolheu para o ajudar no sensacional caso de homicídio que tinha de apresentar em tribunal, naquele verão. Embora me tivesse licenciado pela Faculdade de Direito de Harvard, a sua *alma mater*, eu não era o estagiário mais brilhante da firma e a linhagem da minha família era tudo menos de sangue azul. O meu pai trabalhou a vida inteira como guarda num banco, depois de ter passado pelos fuzileiros. A minha mãe cresceu assumidamente no Bronx.

E, no entanto, Julian escolheu-me, de entre todos os outros candidatos que andavam discretamente a fazer *lobby* para que lhes fosse concedido o privilégio de serem o seu assistente jurídico, naquele que viria a ser conhecido como «o julgamento dos julgamentos»: ele disse que gostava da minha «fome». Ganhámos o caso, como seria de esperar e o empresário que fora acusado de matar brutalmente a mulher era, agora, um homem livre — ou tão livre quanto a sua consciência pesada lho permitisse.

A minha própria educação, naquele verão, foi muito rica. Foi muito mais do que uma mera lição sobre como suscitar a dúvida perante factos indubitáveis — qualquer bom advogado consegue fazê-lo. Esta foi uma lição sobre a psicologia de ganhar e uma rara oportunidade de observar um mestre em ação. Absorvi tudo como uma esponja.

A convite de Julian, fiquei na firma como colaborador e entre nós criou-se rapidamente uma duradoura amizade. Admito que não era propriamente fácil trabalhar com ele. Ser estagiário de Julian era, frequentemente, frustrante e houve uns quantos serões em que acabámos aos gritos um com o outro. Ou as pessoas faziam o que ele queria, ou bem que podiam ir embora. Nunca se lhe podia dizer que ele estava errado. Por baixo dessa carapaça obstinada havia, porém, um indivíduo que realmente se preocupava com os outros.

Por mais ocupado que estivesse, perguntava sempre pela Jenny, a mulher a quem ainda hoje chamo «a minha noiva», apesar de nos termos casado antes de eu entrar para a faculdade. Quando soube, por intermédio de outro estagiário, que eu estava com dificuldades financeiras, Julian conseguiu que eu recebesse uma generosa bolsa de estudo. Sim, é verdade que ele era duro com os melhores e, sim, adorava armar um pé-de-vento por onde passava, mas nunca deixou de se interessar pelos seus amigos. O grande problema é que Julian estava obcecado com o trabalho.

Nos primeiros anos, justificava as suas noitadas de trabalho dizendo que as fazia «pelo bem da firma» e que, de qualquer modo, tencionava tirar um mês de férias e ir para as Ilhas Caimão «no *próximo* inverno». Mas, com o passar do tempo, a fama da genialidade de Julian e a sua carga de trabalho continuaram a aumentar. Os processos eram cada vez melhores e mais importantes e Julian, que sempre gostou de um bom desafio, continuou a exigir cada vez mais de si mesmo. Nos seus raros momentos de sossego, contou-me que já não conseguia dormir mais de duas horas, porque acordava com uma sensação de culpa por não estar a trabalhar num caso. Rapidamente me apercebi de que ele estava consumido pela ganância: queria mais prestígio, mais glória e mais dinheiro.

Como previsto, Julian tornou-se um homem de enorme sucesso. Conquistou tudo o que a maior parte das pessoas desejava: uma fama de estrela, um salário com muitos zeros, uma mansão espetacular num bairro de celebridades, um avião particular, uma casa de férias numa ilha tropical e o seu maior troféu: um Ferrari vermelho, estacionado à porta de casa.

Eu sabia, contudo, que as coisas não eram tão idílicas como pareciam à primeira vista. Detetei os sinais da queda iminente, não por ser muito mais perspicaz do que as outras pessoas da firma, mas simplesmente por passar mais tempo com ele. Estávamos sempre juntos, porque estávamos sempre a trabalhar. O ritmo nunca parecia abrandar. Havia sempre um novo processo fabuloso no horizonte, maior do que o anterior. Julian achava que tinha de se preparar para os julgamentos até à exaustão. E se o juiz levantava esta ou aquela questão, meu Deus? E se a nossa pesquisa não fosse absolutamente perfeita? E se ele fosse apanhado de surpresa, a meio da sala de tribunal à cunha, como um veado encandeado pelos faróis de um automóvel? Portanto, esforçávamo-nos até aos nossos limites e também eu fui sugado para dentro do seu mundinho centrado no trabalho. Ali estávamos nós, dois escravos do tempo, a labutar no sexagésimo quarto andar de um monólito de aço e vidro, enquanto a maior parte das pessoas sãs deste mundo estava em casa com a família, ambos —

Julian e eu — convencidos de que tínhamos pegado o touro pelos cornos, ofuscados por uma ilusória versão de sucesso.

Quanto mais tempo passava com Julian, mais eu percebia que ele se estava a enterrar. Era como se ele tivesse um qualquer desejo subconsciente de morte. Nunca nada o satisfazia. Por fim, o seu casamento fracassou, ele deixou de falar com o pai e, embora tivesse todos os bens materiais que qualquer pessoa deseja, continuava sem encontrar aquilo que buscava. E isto refletia-se a nível emocional, físico... e espiritual.

Aos cinquenta e três anos, Julian aparentava setenta e tal. O seu rosto era um monte de rugas, uma consequência da sua abordagem inflexível à vida, em geral, e do tremendo stresse do seu estilo de vida desequilibrado, em particular. Os jantares pela madrugada dentro, em restaurantes franceses caros, a fumar grossos charutos cubanos e a beber conhaque atrás de conhaque tinham-no deixado embaraçosamente gordo. Queixava-se constantemente de que se sentia mal e que estava farto da sua má-disposição e cansaço. Perdera o sentido de humor e já nada o fazia rir. O carácter outrora entusiástico de Julian fora substituído por uma personalidade soturna e sombria. Na minha opinião, a vida dele perdera o sentido.

O mais triste, porventura, é que ele perdera também a concentração na sala de tribunal. Enquanto antigamente deslumbrava toda a gente ali presente com um discurso eloquente e sem falhas, agora arrastava-se durante horas, divagando sobre processos obscuros que pouca ou nenhuma relevância tinham para o caso que estava a ser julgado. Enquanto antigamente reagia com toda a educação às objeções levantadas pela parte oposta, mostrava agora um sarcasmo deselegante, que punha à prova a paciência dos juízes que, antes, o consideravam um génio do Direito. Por outras palavras, a chama de Julian começara a esmorecer.

Não era só o stresse do seu ritmo frenético que estava a condená-lo a uma morte prematura. Senti que ia muito além disso. Parecia-me um problema espiritual. Quase todos os dias, ele dizia-me que não sentia paixão pelo que fazia e era como se vivesse rodeado pelo vazio. Julian contou-me que, no início da sua carreira, adorava o Direito, apesar de ter sido empurrado nessa direção pelas expectativas da família. As complexidades e desafios intelectuais do Direito mantinham-no enfeitiçado e cheio de energia. O seu poder de mudar a sociedade inspirava-o e motivava-o. Nessa época, ele não era apenas um miúdo rico do Connecticut. Ele realmente via-se a si mesmo como uma força do bem, um instrumento de melhoria social, que podia usar os seus dotes para ajudar os outros. Essa visão dava sentido à sua vida. Dava-lhe um objetivo e enchia-o de esperança.

A desintegração de Julian não se limitou a ser uma mera consequência do seu trabalho. Ele sofrera uma enorme tragédia, antes de eu entrar para a firma. Passara por uma situação terrível, segundo um dos sócios mais velhos, mas não consegui que ninguém me contasse o que fora. Até o velho Harding, o sócio-gerente de língua afiada que passava mais tempo no bar do Ritz-Carlton do que no seu gabinete embaraçosamente grande, disse que tinha jurado segredo. Fosse qual fosse esse tenebroso segredo, eu desconfiava que, de algum modo, estava a contribuir para a queda em espiral de Julian. É claro que eu estava morto de curiosidade mas, acima de tudo, queria ajudá-lo. Ele não era apenas o meu mentor; era o meu melhor amigo.

E foi então que aconteceu. Aquele ataque cardíaco fulminante que trouxe o genial Julian Mantle de volta à terra e o fez tomar consciência da sua mortalidade. Em plena sala de audiências número sete, numa manhã de segunda-feira, a mesma sala onde tínhamos ganho o julgamento dos julgamentos.

2

O visitante misterioso

Foi convocada uma reunião de emergência para todos os membros da firma. Assim que entrámos para a principal sala de reuniões, percebi que o problema era grave. O velho Harding foi o primeiro a falar:

— Temo ser o portador de péssimas notícias. Ontem, em pleno tribunal, Julian Mantle teve um ataque cardíaco fulminante, enquanto fazia as alegações finais do processo da Air Atlantic. Encontra-se, neste momento, na Unidade de Cuidados Intensivos, mas os médicos informaram-me de que a sua situação já estabilizou e ele vai ficar bem. No entanto, Julian tomou uma decisão, uma decisão que julgo que todos vocês têm de saber. Decidiu deixar a nossa família e abandonar a carreira jurídica. Por conseguinte, não voltará para a firma.

Fiquei chocado. Sabia que ele estava a braços com uma série de problemas, mas nunca pensei que desistisse da carreira. E achei também que, depois de tudo o que tínhamos feito juntos, ele devia ter tido a delicadeza de falar comigo pessoalmente. Nem sequer me deixou ir vê-lo ao hospital. Sempre que lá fui, as enfermeiras tinham recebido ordens para me dizer que ele estava a dormir e não podia ser incomodado. Recusou-se inclusivamente a atender os meus telefonemas. Talvez eu lhe lembrasse a vida que ele queria esquecer. Vá-se lá saber! Mas tenho de confessar que me magoou.

Isto aconteceu há pouco mais de três anos. As últimas notícias que tive de Julian diziam que ele fora para a Índia, numa espécie de expedição. Disse a um dos sócios da firma que queria simplificar a sua vida, que «precisava de respostas» e esperava encontrá-las naquela terra mística. Vendera a mansão, o avião e a ilha privada. Vendera inclusive o Ferrari. «Julian Mantle como iogue indiano...», pensei. «O Direito escreve certo por linhas tortas.»

No espaço desses três anos, passei de jovem e sobrecarregado advogado a advogado mais maduro e um tanto ou quanto cínico e cansado. Eu e a minha mulher Jenny tínhamos uma família. Por fim, comecei eu próprio à procura de sentido. Acho que foi o facto de ter filhos que desencadeou essa busca. Eles mudaram por completo a maneira como eu via o mundo e o meu papel nele. O meu pai exprimiu-o muito bem, quando disse: «John, no teu leito de morte, nunca pensarás que devias ter passado mais tempo no escritório.» Comecei, portanto, a passar mais tempo em casa. Acomodei-me a uma vidinha agradável, ainda que banal. Entrei para o Rotary Club e jogava golfe todos os sábados, para agradar aos meus colegas e clientes. Mas devo confessar que, nos meus momentos a sós, pensava muitas vezes em Julian e perguntava-me o que teria sido feito dele, desde o dia em que seguimos caminhos distintos.

Talvez se tivesse instalado na Índia, um país tão diversificado que, lá, até uma alma inquieta como a dele podia sentir-se em casa. Ou talvez andasse a fazer a travessia a pé do Nepal? Ou a praticar mergulho nas Ilhas Caimão? Uma coisa era certa: não regressara à advocacia. Ninguém recebera um postal dele, desde que partira para o seu exílio autoimposto.

As primeiras respostas a algumas das minhas perguntas surgiram há cerca de dois meses, quando alguém me bateu à porta. Eu tinha acabado uma reunião com um cliente, num dia extremamente cansativo, quando Genevieve, a minha inteligente assistente jurídica, espreitou para dentro do meu pequeno e elegante escritório.

— Está aqui uma pessoa para falar contigo, John. Ele diz que é urgente e que não se vai embora sem tu o receberes.

— Estou de saída, Genevieve — respondi, impaciente. — Vou comer qualquer coisa, antes de terminar o processo Hamilton. Agora não tenho tempo para atender ninguém. Ele que marque uma hora com outra pessoa e se ele te incomodar, chama o segurança.

— Mas ele diz que precisa muito de falar contigo. E não aceita um não!

Por um instante, pensei em chamar eu próprio o segurança, mas, percebendo que poderia ser uma pessoa realmente aflita, assumi uma atitude mais branda.

— Está bem, ele que entre — cedi. — Mais um cliente até vem a calhar.

A porta do meu gabinete abriu-se devagar. Finalmente abriu-se por completo e vi um homem sorridente, de trinta e poucos anos. Era alto, esguio e musculoso, irradiando uma abundância de vitalidade e energia. Fazia-me lembrar um daqueles rapazes perfeitos com quem andei na escola, oriundos de famílias perfeitas, com casas perfeitas, automóveis perfeitos e pele perfeita. Mas o meu visitante tinha mais qualquer coisa, além da sua excelente aparência jovem. Uma paz subjacente conferia-lhe uma aura quase divina. E os olhos. Uns olhos azuis penetrantes, que me cortavam como uma lâmina contra a pele macia de um adolescente ansioso, a fazer a barba pela primeira vez.

«Mais um advogado de peso a querer ficar com o meu emprego», pensei para os meus botões. «Meu Deus, porque é que ele está especado a olhar para mim? Espero que não seja o marido daquela fulana que defendi na semana passada, num processo de divórcio. Afinal, talvez a ideia de chamar o segurança não seja disparatada.»

O rapaz continuou a olhar para mim, como Buda olharia para um dos seus alunos preferidos. Depois de um longo e constrangedor silêncio, ele falou num tom surpreendentemente autoritário.

— É assim que tratas todas as tuas visitas, John, inclusive quem te ensinou tudo o que sabes sobre a ciência do sucesso na sala de tribunal? Não devia ter partilhado os meus segredos do negócio contigo — disse, os seus lábios carnudos formando um sorriso.

Senti uma sensação estranha no estômago. Reconheci imediatamente aquela voz rouca e melíflua. O meu coração desatou aos pulos.

— Julian? És tu, Julian? Não acredito! És mesmo tu?

O riso sonoro do meu visitante confirmou as minhas suspeitas. O jovem que se encontrava à minha frente era, nada mais nada menos, do que o exilado iogue da Índia: Julian Mantle. Fiquei estupefacto com a sua incrível transformação. Ele perdera a palidez fantasmagórica, a tosse enfermiça e os olhos sem vida do meu antigo colega. Perdera o aspecto de velho e a expressão mórbida que se tornara a sua imagem de marca. O homem que se encontrava diante de mim parecia, pelo contrário, estar no auge da saúde, com o rosto sem rugas e radiante. Os seus olhos eram brilhantes, uma janela que se abria para a sua extraordinária vitalidade. O mais espantoso era talvez a serenidade que Julian emanava. Senti-me completamente em paz, ali sentado, a olhar para ele. Já não era a estrela ansiosa de uma conceituada firma de advocacia. Pelo contrário, o homem que eu tinha à minha frente era um jovem, vital — e sorridente — modelo de mudança.

3

A miraculosa transformação de Julian Mantle

Fiquei boquiaberto com a versão nova e melhorada de Julian Mantle.

«Como é que uma pessoa que há poucos anos parecia um velho cansado pode ter agora este aspecto tão vibrante e vivo?», perguntei-me silenciosamente, incapaz de acreditar. «Será que foi uma qualquer droga mágica, que lhe permitiu beber da fonte da juventude? Qual foi a causa desta extraordinária reversão?»

Julian foi o primeiro a falar. Disse-me que o mundo hipercompetitivo do Direito o deixara de rastos, não só física e emocionalmente, mas também a nível espiritual. O ritmo acelerado e as infindáveis exigências da profissão deixaram-no esgotado. Admitiu que o seu corpo se desmoronara e que a sua mente perdera a chama. O ataque cardíaco fora apenas um dos sintomas de um problema mais profundo. As constantes pressões e os cansativos horários de um advogado tinham também destroçado o seu bem mais importante — e porventura mais humano —, o seu espírito. Quando o médico lhe fez o ultimato de que ou abdicava da advocacia ou morreria, ele disse que viu aí uma oportunidade de ouro para reacender a chama interior que tivera quando era mais jovem; uma chama que se extinguira quando o Direito se tornara mais um negócio do que um prazer.

Julian ficou visivelmente empolgado ao contar que vendera todos os seus bens materiais e fora para a Índia, uma terra cuja cultura antiga e tradições místicas sempre o tinham fascinado. Viajou de aldeia em aldeia, umas vezes a pé, outras de comboio, aprendendo novos costumes e vendo paisagens eternas, e começou a amar o povo indiano, que irradia carinho, bondade e tem uma perspetiva refrescante acerca do verdadeiro significado da vida. As pessoas mais pobres tinham aberto as suas casas — e os seus corações — para receber aquele visitante cansado, vindo do Ocidente. À medida que os dias se foram transformando em semanas, nesse ambiente encantador, Julian começou lentamente a sentir-se de novo vivo e completo, talvez pela primeira vez desde a infância. A sua curiosidade e criatividade naturais regressaram aos poucos, juntamente com o seu entusiasmo e energia para viver. Sentia-se mais alegre e sereno. E recomeçara a rir.

Apesar de ter desfrutado de cada instante passado naquele exótico país, Julian disse-me que a sua viagem à Índia fora mais do que umas meras férias para aliviar uma mente sobrecarregada. Descreveu a sua estadia naquela terra longínqua como «uma odisseia pessoal do eu». Confessou-me que estava decidido a descobrir quem realmente era e qual o significado da sua vida, antes que fosse demasiado tarde. Para tal, a sua primeira prioridade fora conhecer o vasto lago de sabedoria antiga daquela cultura, para aprender a viver uma vida mais gratificante, preenchida e esclarecida.

— Não penses que enlouqueci, John, mas realmente foi como se tivesse recebido uma ordem de dentro de mim, uma ordem interior a dizer-me que eu devia começar uma viagem espiritual, para reacender a chama que perdera — explicou Julian. — Foi um período tremendamente libertador para mim.

Quanto mais explorava, mais ouvia falar de monges indianos que tinham vivido para lá dos cem anos, monges que, apesar das suas idades avançadas, mantinham vidas jovens e enérgicas. Quanto mais viajava, mais aprendia sobre iogues eternos, que dominavam a arte de controlar a mente e o despertar espiritual. E quanto mais via, mais desejava compreender a dinâmica por detrás daqueles milagres da natureza humana, na esperança de aplicar essas filosofias à sua própria vida.

Na fase inicial da sua viagem, Julian falou com muitos professores conhecidos e profundamente respeitados. Disse-me que cada um deles o acolhera de braços e coração abertos, partilhando consigo todas as pérolas de sabedoria que tinha recolhido ao longo de vidas inteiras dedicadas à serena contemplação das questões mais sublimes da existência. Julian tentou descrever também a beleza dos templos antigos, que se encontravam espalhados pela mística paisagem da Índia, edifícios que se erguiam como leais guardiães dos portões da sabedoria eterna. Disse que ficara comovido com a sacralidade daquela terra.

— Foi uma época mágica da minha vida, John. Ali estava eu, um advogado cansado e velho, que vendera tudo, desde o cavalo de corridas ao Rolex e enfiara o que restara dentro de uma mochila, que foi a minha companhia constante enquanto me aventurava nas tradições intemporais do Oriente.

— Foi difícil partir? — perguntei-me em voz alta, incapaz de conter a curiosidade.

— Não, foi a coisa mais fácil que já fiz na vida. A decisão de abandonar a carreira e todos os meus bens terrenos foi natural. Albert Camus escreveu que «a verdadeira generosidade para com o futuro consiste em entregar tudo ao presente». Bom, foi exatamente o que eu fiz. Sabia que tinha de mudar, portanto comecei a ouvir o meu coração e a fazê-lo de uma maneira drástica. A minha vida tornou-se tão mais simples e significativa quando abandonei a bagagem do meu passado. No instante em que parei de gastar tanto tempo a procurar os grandes prazeres da vida, comecei a desfrutar dos pequenos, como ver as estrelas a dançar ao luar, ou absorver os raios de sol numa manhã radiosa de verão. E a Índia é um país tão estimulante para o intelecto que raramente pensei no que tinha deixado para trás.

Esses encontros iniciais com os mestres e professores daquela exótica cultura, apesar de intrigantes, não deram a Julian o conhecimento de que ele estava sequioso. A sabedoria que ele desejava e as técnicas práticas que tinha esperança que conseguissem mudar a qualidade da sua vida continuaram a escapar-lhe por entre os dedos, naqueles primeiros dias da sua odisseia. Só depois de sete meses na Índia é que Julian deu o primeiro passo em frente.

Foi quando estava em Caxemira, um antigo e místico estado adormecido aos pés dos Himalaias, que teve a sorte de encontrar um cavalheiro chamado Iogue Krishnan. Este homem pequeno e magro, de cabeça rapada, também fora advogado na sua «anterior encarnação», como costumava dizer a brincar, com um sorriso enorme. Cansado do ritmo frenético que caracteriza a moderna Nova Deli, também ele abdicou dos seus bens materiais e se retirou para um mundo de maior simplicidade. Krishnan tornou-se zelador do templo da aldeia e foi assim que se conheceu a si próprio e o seu objetivo supremo na vida.

«Estava cansado de viver a vida como um longo *raid* aéreo. Percebi que a minha missão é servir os outros e, de algum modo, contribuir para que o mundo seja melhor. Agora vivo para dar.», contou ele a Julian. «Passo os dias e noites no templo, onde vivo uma vida austera, mas preenchida. Partilho as minhas perspetivas com todos aqueles que aqui vêm orar. Sirvo os necessitados. Não sou padre. Sou simplesmente um homem que encontrou a sua alma.»

Julian contou a sua história a este advogado transformado em iogue. Falou sobre a sua anterior existência de homem rico e privilegiado. Confessou ao Iogue Krishnan a sua fome de riqueza e a sua obsessão pelo trabalho. Revelou, com grande emoção, o seu tumulto interior e a crise espiritual que o atormentara quando a outrora luz intensa da sua vida começara a esmorecer, soprada pelos ventos de uma vida desequilibrada.

«Também eu já percorri esse caminho, meu amigo. Também eu senti a dor que sentiste. Mas aprendi que tudo acontece por uma razão.», respondeu o Iogue Krishnan, com compaixão. «Todos os acontecimentos têm uma finalidade e todos os obstáculos, uma lição. Compreendi que o fracasso, seja de natureza pessoal, profissional ou espiritual, é essencial para a expansão pessoal. Permite o crescimento interior e traz toda uma hoste de recompensas psíquicas. Nunca te arrependas do teu passado. Acolhe-o como o mestre que ele é.»

Julian disse-me que, depois de ouvir estas palavras, sentiu uma enorme exultação. Talvez tivesse encontrado, no Iogue Krishnan, o mentor que procurava. Haveria alguém mais indicado do que um antigo advogado importante — que, através da sua própria odisseia espiritual, descobrira uma maneira melhor de viver — para lhe ensinar os segredos de criar uma vida com mais equilíbrio, encanto e deleite?

– Preciso da tua ajuda, Krishnan. Preciso de aprender a construir uma vida melhor e mais gratificante.

– Será para mim uma honra ajudar-te no que estiver ao meu alcance – prontificou-se o iogue. – Mas posso fazer-te uma sugestão?

– Claro.

– Desde que tomo conta deste templo, nesta pequena aldeia, ouço histórias acerca de um grupo místico de sábios que vive nas alturas dos Himalaias. Reza a lenda que descobriram uma espécie de sistema capaz de melhorar a qualidade de vida de qualquer pessoa... e não apenas fisicamente. Diz-se que é um conjunto holístico e integrado de princípios eternos e técnicas intemporais para libertar o potencial da mente, do corpo e da alma.

Julian ficou fascinado. Parecia perfeito.

– Onde vivem, ao certo, esses monges?

– Ninguém sabe e eu sou demasiado velho para ir à procura. Mas uma coisa te digo, meu amigo: já muitos tentaram encontrá-los e muitos fracassaram, com trágicas consequências. Os cumes dos Himalaias são traiçoeiros. Até o mais experiente alpinista fica impotente perante as forças da natureza. Mas, se procuras as chaves de ouro para uma saúde esplendorosa, a felicidade duradoura e a realização pessoal, eu não tenho a sabedoria que procuras... eles têm-na.

Julian, que nunca foi de desistir à primeira, insistiu com o Iogue Krishnan.

– De certeza que não sabes onde eles vivem?

– Só te posso dizer que os habitantes desta aldeia lhes chamam os Grandes Sábios de Sivana. Na sua mitologia, Sivana significa «oásis de esclarecimento». Estes monges são venerados como se fossem divinos na sua constituição e influência. Se soubesse onde encontrá-los, teria o dever de te informar. Mas, sinceramente, não sei. Aliás, ninguém sabe.

Na manhã seguinte, quando os primeiros raios do sol indiano dançavam no colorido horizonte, Julian partiu na sua caminhada em busca da terra perdida de Sivana. Primeiro, pensou contratar um guia sherpa local, para o ajudar a escalar as montanhas, mas, por um qualquer estranho motivo, os seus instintos disseram-lhe que teria de fazer aquela viagem sozinho. Portanto, porventura pela primeira vez na sua vida, abandonou as grilhetas da razão e confiou na sua intuição. Sentiu que estaria a salvo. Sabia, de algum modo, que ia encontrar o que procurava. E assim, com zelo missionário, começou a escalada.

Os primeiros dias foram fáceis. Às vezes, cruzava-se com um dos alegres moradores da aldeia, que andavam a passear pelos carreiros, talvez à procura de um pedaço de madeira ideal para uma escultura, ou em busca do santuário que aquele lugar surreal oferecia a todos os que se aventurassem tão alto. Noutras alturas, caminhava sozinho, ocupando o tempo a refletir silenciosamente sobre o que fora na vida... e para onde se encaminhava agora.

Pouco depois, a aldeia lá em baixo tornou-se um mero pontinho naquela tela magnífica de esplendor natural. A imponência dos picos cobertos de neve dos Himalaias fazia disparar o seu coração e, por um longo instante, cortou-lhe a respiração. Sentia-se em sintonia com o ambiente, uma espécie de relação como a que une dois amigos depois de muitos anos a ouvirem os pensamentos mais íntimos e a rirem das piadas um do outro. O ar puro da montanha limpou-lhe a mente e revigorou-lhe o espírito. Tendo viajado pelo mundo inteiro, Julian pensava que já tinha visto tudo. Mas nunca vira beleza igual àquela. As maravilhas que viu naquela época mágica foram um extraordinário tributo à sinfonia da natureza. Sentiu-se imediatamente alegre, empolgado e leve. Foi aí, muito acima dos aglomerados humanos, perdidos lá em baixo, que Julian se aventurou a sair do casulo da banalidade e começou a explorar o reino do extraordinário.

— Ainda me lembro das palavras que me passaram pela cabeça, ali em cima — disse Julian. — Pensei que, em última instância, a vida se resume a um leque de escolhas. O nosso destino desenrola-se de acordo com as escolhas que fazemos e eu tive a certeza de que a escolha que fizera estava correta. Sabia que a minha vida nunca mais seria a mesma e que estava prestes a acontecer-me uma coisa magnífica, talvez até miraculosa. Foi um despertar espantoso.

Julian disse que, quando começou a subir às zonas mais altas dos Himalaias, de ar rarefeito, ficou ansioso. «Mas era uma ansiedade boa, como antes do baile de fim de curso, ou antes de um julgamento importante, quando a imprensa vinha a correr atrás de mim pelos corredores do tribunal. E embora eu não tivesse a ajuda de um guia ou de um mapa, o caminho era evidente e um carreiro estreito e pouco calcorreado levou-me cada vez mais alto, até às profundezas daquelas montanhas. Era como se eu tivesse uma espécie de bússola interior, a empurrar-me suavemente para o meu destino. Acho que, mesmo que quisesse, não teria conseguido parar de caminhar.» Julian estava excitado, as suas palavras jorravam como um ribeiro numa montanha, depois de uma chuvada torrencial.

Durante mais dois dias, enquanto viajava ao longo do caminho que ele esperava que o levasse a Sivana, os pensamentos de Julian centraram-se na sua vida anterior. Embora se sentisse completamente libertado do stresse e da pressão que caracterizavam o seu antigo mundo, ele perguntou-se se conseguiria realmente passar o resto dos seus dias sem o desafio intelectual que a carreira jurídica lhe oferecera desde que se licenciara em Harvard. Os seus pensamentos levaram-no de volta ao seu gabinete forrado de painéis de carvalho, num cintilante arranha-céus da Baixa e à idílica casa de praia que vendera por tuta-e-meia. Pensou nos seus antigos amigos, com quem frequentava os melhores restaurantes, nas zonas mais elegantes da cidade. Pensou também no seu querido Ferrari e na maneira como o seu coração disparava sempre que ligava o motor e ouvia aquele rugido de vida.

Quando se adentrou nas profundezas daquele lugar místico, as suas reflexões sobre o passado foram interrompidas pelas maravilhas extraordinárias daquele instante. Foi quando estava a absorver os dons da natureza inteligente que aconteceu uma coisa surpreendente.

Pelo canto do olho, viu outra pessoa — envergando uma estranha veste encarnada, comprida e flutuante, e um capuz azul escuro —, ligeiramente à frente dele no carreiro. Julian ficou espantado por ver alguém naquele local isolado, que demorara sete traiçoeiros dias a alcançar. Como se encontrava a muitos quilómetros da civilização e ainda não sabia se iria encontrar o seu destino, Sivana, gritou para o seu companheiro de viagem.

A pessoa recusou-se a responder e acelerou o passo ao longo do carreiro que ambos escalavam, sem sequer ter a delicadeza de olhar para Julian, em sinal de reconhecimento da sua presença. Daí a nada, o misterioso viajante começou a correr, a sua veste encarnada dançando graciosamente atrás dele, como lençóis engomados de algodão pendurados numa corda, num dia ventoso de outono.

«Por favor, amigo, preciso da sua ajuda para encontrar Sivana», gritou Julian. «Viajo há sete dias, com pouca comida e água. Acho que me perdi!»

A pessoa deteve-se bruscamente. Julian aproximou-se com cautela, enquanto o viajante continuava extraordinariamente imóvel e calado. A sua cabeça não se mexeu, as suas mãos não se mexeram e os seus pés mantiveram-se no lugar. Julian não conseguia ver o rosto por baixo do capuz, mas ficou espantado com o conteúdo do pequeno cesto que o viajante carregava. Dentro do cesto, estavam as flores mais delicadas e belas que Julian vira em toda a sua vida. A pessoa segurou no cesto com mais força, quando Julian se acercou, como que para mostrar o seu amor por esses bens preciosos e a sua desconfiança perante aquele ocidental alto, tão raro naquelas paragens como o orvalho no deserto.

Julian fitou o viajante com uma curiosidade intensa. Um inesperado raio de sol revelou um rosto masculino por baixo do capuz largo. Mas Julian nunca vira um homem como aquele. Embora tivesse pelo menos a sua idade, tinha umas feições extraordinárias, que deixaram Julian enfeitiçado e o fizeram deter-se e observá-lo durante o que pareceu uma eternidade. Os seus olhos eram como os de um gato e tão penetrantes que Julian foi obrigado a desviar o olhar. A sua pele morena era macia e firme. O corpo parecia forte e pujante. E embora as mãos do homem mostrassem que não era novo, ele irradiava tamanha juventude e vitalidade que Julian se sentiu hipnotizado por aquela visão, como uma criança à espera que um mágico faça o seu primeiro truque.

«Deve ser um dos Grandes Sábios de Sivana», pensou Julian com os seus botões, incapaz de conter o seu deleite perante aquela descoberta.

— Chamo-me Julian Mantle. Vim aprender com os Sábios de Sivana. Sabe onde posso encontrá-los? — perguntou.

O homem olhou, pensativo, para aquele visitante cansado, vindo do Ocidente. A sua serenidade e paz davam-lhe um ar angelical, iluminado por dentro.

O homem falou baixinho, quase num sussurro:

— Por que procura os sábios, amigo?

Sentindo que encontrara, de facto, um dos místicos monges que tantos antes dele haviam procurado, Julian abriu o seu coração e contou a sua odisseia ao viajante. Falou sobre a sua vida anterior e a crise espiritual com que se debatia, a maneira como vendera a sua saúde e energia a troco das fugazes recompensas que a advocacia lhe dera. Contou que abdicara das riquezas da sua alma em prol de uma conta bancária choruda e da gratificação ilusória de um estilo de vida regido pelo lema «viver depressa, morrer jovem». E narrou-lhe as suas viagens pela mística Índia e o seu encontro com o Iogue Krishnan, o antigo advogado de Nova Deli que também abdicara da sua vida antiga, na esperança de encontrar a harmonia interior e uma paz de espírito duradoura.

O viajante manteve-se silencioso e imóvel. Foi só depois de Julian descrever o seu desejo ardente, quase obsessivo, de adquirir os princípios da vida esclarecida, que o homem tornou a falar. Pousando o braço no ombro de Julian, o homem disse suavemente:

— Se realmente tens um desejo sincero de aprender a sabedoria de uma vida melhor, então é meu dever ajudar-te. Sou, de facto, um desses sábios que vieste procurar, vindo de tão longe. És a primeira pessoa que nos encontra desde há muitos, muitos anos. Parabéns. Admiro a tua tenacidade. Deves ter sido um excelente advogado – comentou.

Deteve-se, como se não soubesse o que fazer em seguida e depois prosseguiu:

— Se quiseres, podes vir comigo, como meu convidado, até ao nosso templo. Fica numa parte escondida desta região de montanha, a muitas horas daqui. Os meus irmãos e irmãs acolher-te-ão de braços abertos. Trabalharemos juntos para te ensinar os princípios e estratégias antigos que os nossos antepassados nos transmitiram ao longo dos tempos.

»Antes de te levar ao nosso mundo privado e partilhar contigo o conhecimento reunido, para preencher a tua vida com mais alegria, força e objetivo, tenho de te pedir que me faças uma promessa — anunciou o sábio. — Depois de aprenderes estas verdades intemporais, tens de regressar à tua terra natal, no Ocidente e partilhar esta sabedoria com todos aqueles que precisarem de ouvi-la. Embora estejamos isolados aqui, nestas montanhas mágicas, estamos a par do tumulto que se passa no teu mundo. Pessoas boas estão a desviar-se do seu caminho. Tens de dar-lhes a esperança que merecem. Acima de tudo, tens de dar-lhes os instrumentos para concretizarem os seus sonhos. É tudo o que te peço.

Julian aceitou de imediato o pedido do sábio e prometeu levar a sua preciosa mensagem ao Ocidente. Enquanto os dois homens escalavam o caminho da montanha até à aldeia perdida de Sivana, o sol indiano começou a descer no horizonte, um círculo vermelho rubro a deslizar lentamente no céu mágico, depois de um longo e cansativo dia. Julian contou-me que nunca se esqueceu da imponência daquele instante, caminhando na companhia daquele monge indiano eterno, por quem sentia um amor fraternal, rumo a um lugar que ansiava por descobrir, com todas as suas maravilhas e muitos mistérios.

— Aquele foi, sem dúvida, o momento mais memorável da minha vida — confessou-me.

Julian sempre acreditara que a vida se resumia a uns quantos momentos-chave. Aquele fora um deles. No fundo da sua alma, ele pressentira que aquele seria o primeiro instante de sossego da sua vida, uma vida que, em breve, seria muito mais do que jamais fora até então.

4

Um encontro mágico com os Sábios de Sivana

Depois de caminharem durante muitas horas ao longo de uma intrincada série de carreiros e trilhos relvados, os dois viajantes chegaram a um vale verdejante e fértil. De um lado do vale, com os cumes cobertos de neve, os Himalaias ofereciam a sua proteção, como soldados fustigados pelos elementos a guardarem o local onde descansavam os seus generais. Do outro lado, havia uma densa floresta de pinheiros, uma homenagem perfeita e natural a esta encantadora terra da fantasia.

O sábio olhou para Julian e sorriu delicadamente:

— Bem-vindo ao Nirvana de Sivana.

A seguir, desceram por outro carreiro ainda menos calcorreado até à densa floresta, que forrava a base do vale. O ar fresco da montanha estava carregado do cheiro a pinheiro e sândalo. Julian, agora descalço para aliviar os seus pés doridos, sentia o musgo húmido do solo. Ficou surpreendido por ver garridas orquídeas e uma hoste de outras bonitas flores a dançarem entre as árvores, como que regozijando-se com a beleza e esplendor desta pequena parcela de Paraíso.

Ao longe, Julian ouvia vozes sussurradas, suaves e balsâmicas para os seus ouvidos. Continuou a seguir o sábio em silêncio. Depois de caminharem durante mais quinze minutos, os dois homens chegaram a uma clareira. Diante de Julian abria-se uma paisagem que nem ele, tão mundano e raramente apanhado de surpresa, jamais tinha imaginado: uma pequena aldeia feita inteiramente de rosas. No centro da aldeia havia um pequeno templo, do tipo que Julian vira nas suas viagens pela Tailândia e pelo Nepal, mas este templo era feito de flores encarnadas, brancas e cor-de-rosa, unidas por longas meadas de fios e ramos multicoloridos. As pequenas cabanas que pontilhavam o restante espaço pareciam ser as casas austeras dos sábios. Também eram feitas de rosas. Julian ficou sem fala.

Quanto aos monges que habitavam a aldeia, aqueles que Julian conseguiu ver eram parecidos com o seu companheiro de viagem, que agora lhe disse que se chamava Iogue Raman. Explicou que era o sábio mais velho de Sivana e o líder do grupo. Os cidadãos daquela colónia de sonho pareciam extraordinariamente jovens e moviam-se com graciosidade e determinação. Nenhum deles falou, preferindo respeitar a tranquilidade do lugar com o seu silêncio.

Os homens, que pareciam ser apenas dez, envergavam a mesma veste encarnada que o Iogue Raman e sorriram serenamente para Julian, quando ele entrou na sua aldeia. Todos eles pareciam calmos, saudáveis e profundamente realizados. Era como se as tensões, que nos atormentam no nosso mundo moderno, tivessem pressentido que não eram bem-vindas naquele cume de serenidade e se tivessem deslocado para outras paragens. Embora não vissem uma cara nova entre si há muitos anos, estes homens mostraram-se bastante contidos na sua receção, fazendo um pequeno aceno de cabeça para cumprimentarem aquele visitante, que viajara de tão longe para os encontrar.

As mulheres eram igualmente extraordinárias. Vestidas com saris ondulantes de seda rosa e com lótus brancos nos seus cabelos pretos retintos, moviam-se atarefadamente pela aldeia com uma agilidade surpreendente. Este não era, porém, o frenesim que caracteriza as vidas das pessoas na nossa sociedade. O movimento delas era, pelo contrário, de uma natureza suave e graciosa. Com uma concentração profundamente zen, algumas trabalhavam no interior do templo, a prepararem o que parecia ser um festival. Outras transportavam lenha e tapeçarias ricamente bordadas. Todas estavam ocupadas com tarefas produtivas. Todas pareciam felizes.

Os rostos dos Sábios de Sivana denotavam, acima de tudo, o poder do seu modo de vida. Embora fossem claramente adultos maduros, alguns deles irradiavam um brilho quase infantil, os seus olhos cintilando com a vitalidade dos jovens. Nenhum deles tinha rugas. Nenhum tinha cabelos brancos. Nenhum parecia velho.

Julian, que mal conseguia acreditar no que via, recebeu uma oferenda de frutos frescos e vegetais exóticos, uma dieta que mais tarde viria a saber que era uma das chaves para o tesouro de saúde perfeita desfrutada pelos monges. Depois da refeição, o Iogue Raman acompanhou Julian ao seu alojamento: uma cabana cheia de flores, contendo uma pequena cama, com um caderno em branco por cima das cobertas. Essa seria a sua casa nos próximos tempos.

Embora Julian nunca tivesse visto nada como aquele mundo mágico de Sivana, sentiu que, de algum modo, aquele fora um regresso a casa, um regresso a um paraíso que conhecera há muito tempo. A aldeia de rosas não lhe era estranha. A sua intuição disse-lhe que ele pertencia àquele lugar, nem que fosse durante um curto período. Seria ali que ele reacenderia a sua chama de vida, que conhecera tão bem antes de a carreira lhe ter roubado a alma; um santuário onde o seu espírito destroçado começaria lentamente a sarar. E assim começou a vida de Julian entre os Sábios de Sivana, uma vida de simplicidade, serenidade e harmonia. O melhor estava prestes a acontecer.

5

Um discípulo espiritual dos Sábios

Os sonhos dos grandes sonhadores nunca se concretizam, são sempre transcendidos.

ALFRED LORD WHITEHEAD

Eram agora oito horas da noite e eu ainda tinha de me preparar para a minha apresentação em tribunal, no dia seguinte. Estava, no entanto, fascinado com a experiência daquele antigo guerreiro jurídico, que mudara drasticamente de vida depois de ter encontrado e estudado com os sábios da Índia. Espantoso, pensei, e que transformação extraordinária! Perguntei-me se os segredos que Julian descobrira naquele refúgio, numa longínqua montanha, poderiam melhorar também a minha qualidade de vida e devolver-me a minha própria noção de maravilha relativamente ao mundo em que vivemos. Quanto mais ouvia Julian, mais me apercebia de que o meu próprio espírito estava enferrujado. Que acontecera à invulgar paixão com que eu fazia tudo, quando era mais novo? Nessa época, até a mais comezinha das coisas me enchia de alegria. Talvez estivesse na hora de eu reinventar o meu destino.

Pressentindo o meu fascínio pela sua odisseia e a minha vontade de conhecer o sistema de vida esclarecida que os sábios lhe tinham confiado, Julian acelerou a narração da sua história. Contou-me que o seu desejo de conhecimento, juntamente com o seu intelecto — refinado por muitos anos de guerras em tribunal —, haviam-no tornado um membro muito acarinhado da comunidade Sivana. Como mostra do seu afeto por Julian, os monges acabaram por elegê-lo membro honorário do seu grupo e trataram-no como se fosse da família.

Ansioso por aprofundar o seu conhecimento sobre o funcionamento da mente, do corpo e da alma, e de aprender a controlá-los, Julian passou literalmente todos os minutos de cada dia sob a orientação do Iogue Raman. O sábio tornou-se mais uma espécie de pai para Julian do que um professor, embora tivessem apenas uns anos de diferença entre si. Era notório que aquele homem acumulara a sabedoria de muitas vidas e sentia-se feliz por partilhá-la com Julian.

Começando antes do Sol raiar, o Iogue Raman sentava-se com o seu entusiástico aluno e enchia a mente deste com sagazes comentários sobre o significado da vida e técnicas pouco conhecidas, que ele aprendera a dominar para viver com mais vitalidade, criatividade e autorrealização. Ensinou a Julian antigos princípios que qualquer pessoa poderia utilizar para viver mais tempo, manter-se jovem e ser mais feliz. Julian aprendeu também o que fazer para que as disciplinas do autocontrolo e da autorresponsabilidade o impedissem de voltar ao caos que caracterizara a sua vida no Ocidente. À medida que as semanas se transformavam em meses, começou a compreender o tesouro que tinha dentro da sua própria mente adormecida, à espera de ser despertado e usado com propósitos mais sublimes. Por vezes, professor e aluno ficavam simplesmente sentados, a contemplar o ardente sol indiano a levantar-se sobre os prados verdejantes, lá em baixo. Outra vezes, descansavam em serena meditação, saboreando os prazeres do silêncio. Outras, ainda, caminhavam por entre a floresta de pinheiros, discutindo questões filosóficas e desfrutando da companhia um do outro.

Julian disse que os primeiros sinais do seu desenvolvimento pessoal só surgiram passadas três semanas em Sivana. Começou a reparar na beleza das coisas mais triviais. Quer fosse a maravilha de uma noite estrelada, quer o encanto de uma teia de aranha a seguir a uma chuvada, Julian absorvia tudo. Disse também que o seu novo estilo de vida e os novos hábitos a ela associados começaram a ter um profundo efeito no seu mundo interior. Contou-me que, um mês depois de aplicar os princípios e técnicas dos sábios, começara a cultivar o intenso sentido de paz e serenidade interiores que lhe escaparam durante tantos anos no Ocidente. Tornou-se mais alegre e espontâneo, mais enérgico e criativo, a cada dia que passava.

A vitalidade física e a força espiritual foram as mudanças que ocorreram a seguir, na maneira de estar de Julian. Emagreceu e ficou mais forte e esguio, perdendo simultaneamente a palidez doentia que, agora, fora substituída por um esplêndido brilho que irradiava saúde. Sentia-se capaz de fazer qualquer coisa, de ser tudo o que quisesse e de soltar o infinito potencial que, descobrira, se encontra dentro de cada um de nós. Começou a acarinhar a vida e a ver o divino em todos os aspectos da existência. O sistema antigo desse grupo místico de monges começara a fazer os seus milagres.

Julian fez uma pequena pausa, como que para exprimir o seu próprio espanto perante a sua história e retomou a narração, num tom mais filosófico.

— Compreendi uma coisa muito importante, John. O mundo, e isso inclui o meu mundo interior, é um lugar muito especial. Percebi também que o sucesso exterior não tem sentido, a menos que haja sucesso por dentro. Existe uma diferença enorme entre bem-estar e estar bem. Quando eu era um advogado de sucesso, costumava troçar das pessoas que se esforçavam por melhorar as suas vidas por dentro e por fora. «Vão mas é trabalhar!», pensava eu. Mas aprendi que o autocontrolo e o cuidado consistente da mente, do corpo e da alma são essenciais para encontrarmos o nosso eu supremo e vivermos a vida dos nossos sonhos. Como é que podemos gostar dos outros, se não gostamos de nós sequer? Como é que podemos fazer o bem, se não nos sentimos bem? Como posso amar o próximo, se não me amo a mim mesmo?

De repente, Julian corou e pareceu constrangido.

— É a primeira vez que abro o meu coração com outra pessoa, assim, desta maneira. Desculpa, John. É que fiz uma catarse tão profunda naquelas montanhas, foi um despertar tão espiritual para os poderes do universo, que sinto que tenho de passar a mensagem aos outros.

Ao reparar que já era tarde, Julian apressou-se a dizer-me que se ia embora e despediu-se.

— Não podes ir agora, Julian. Estou ansioso por ouvir qual foi a sabedoria que aprendeste nos Himalaias e a mensagem que prometeste aos teus professores trazer para o Ocidente. Não me podes deixar em suspenso, sabes que não aguento.

— Eu volto, meu amigo, não te preocupes. Já me conheces: quando começo a contar uma boa história, não consigo parar. Mas tu tens trabalho para fazer e eu tenho de tratar de uns assuntos particulares.

— Diz-me só uma coisa. Os métodos que aprendeste em Sivana também podem funcionar no seu caso?

— Quando o aluno está pronto, o professor aparece — respondeu Julian de imediato. — Tu, e tantas outras pessoas da nossa sociedade, estão prontos para a sabedoria que eu tenho o privilégio de possuir dentro de mim. Todos nós devemos conhecer a filosofia dos sábios. Todos nós podemos tirar partido dela. Todos nós devemos conhecer a perfeição que é o estado natural dos monges de Sivana. Prometo que partilharei contigo a sua sabedoria antiga. Sê paciente. Encontrar-me-ei contigo amanhã à noite, a esta hora, em tua casa. Então, dir-te-ei tudo o que precisas de saber para viveres a tua vida em pleno. Parece-te bem?

— Sim, se vivi tantos anos sem ela, posso esperar mais vinte e quatro horas — respondi, desapontado.

E, posto isto, o advogado-mestre transformado em iogue iluminado do Oriente foi-se embora, deixando-me com a cabeça cheia de perguntas sem resposta e pensamentos fragmentados.

Sentado no sossego do meu escritório, percebi o quão pequeno é o nosso mundo. Pensei no vasto lago de sabedoria no qual ainda nem sequer tinha mergulhado os meus dedos. Pensei em como seria recuperar a minha própria vontade de viver e refleti sobre a curiosidade que eu tinha quando era mais novo. Adorava sentir-me mais vivo e injetar mais energia nos meus dias. Talvez também eu acabasse por deixar a advocacia. Talvez também eu ouvisse o chamamento. Com estas pesadas considerações em mente, apaguei as luzes, tranquei a porta do gabinete e saí para o calor espesso de mais uma noite de verão.

6

A sabedoria da mudança pessoal

Sou um artista no meu modo de viver — a minha vida é a minha obra de arte.

Suzuki

Fiel à sua palavra, Julian veio visitar-me no final do dia seguinte. Por volta das sete e um quarto, ouvi quatro pancadas rápidas na porta da minha casa, que era uma estrutura ao estilo arquitetónico de Cape Cod, com umas horríveis portadas cor-de-rosa, que a minha mulher achava que lhe davam um ar saído da *Architectural Digest*.

Julian vinha com um aspecto completamente diferente do do dia anterior: exibia a mesma aparência de saúde radiosa e emanava a mesma serenidade magnífica, mas o que ele trazia vestido deixou-me um pouco constrangido. Por cima do corpo visivelmente forte e definido, envergava um comprido manto encarnado, com um capuz azul todo bordado. E embora aquela fosse mais uma noite de calor pegajoso de julho, o capuz cobria-lhe a cabeça.

— Saudações, meu amigo — disse ele, entusiasticamente.

— Saudações.

— Não fiques com essa cara tão assustada. Como é que estavas à espera que eu viesse vestido? De Armani?

Começámos ambos a rir, primeiro baixinho, depois o riso transformou-se em sonoras gargalhadas. Pelos vistos, Julian não perdera aquele seu sentido de humor que tanto me divertia há anos.

Assim que nos descontraímos na minha sala desarrumada mas confortável, não pude deixar de reparar no ornado colar de contas de madeira que Julian trazia ao pescoço.

— Que colar é esse? É muito bonito.

— Depois conto-te — disse ele, esfregando algumas das contas com o polegar e o dedo indicador. — Hoje, temos muito que conversar.

— Vamos começar. Mal consegui trabalhar, hoje. Passei o dia excitado por causa do nosso encontro.

Ao ouvir a sua deixa, Julian começou de imediato a revelar mais pormenores acerca da sua transformação pessoal e a simplicidade com que ocorreu. Falou-me sobre as técnicas antigas que aprendera para controlar a mente e para erradicar o hábito da preocupação, que consome tantos de nós na nossa complexa sociedade. Falou da sabedoria que o Iogue Raman e os outros monges partilharam com ele, para uma vida mais gratificante e com sentido. E falou de uma série de métodos para libertar a fonte de juventude e energia, que existe adormecida dentro de cada um de nós.

Apesar de a convicção com que ele falava ser mais do que evidente, comecei a ficar cético. Estaria eu a ser alvo de uma brincadeira ou de uma partida? No fim de contas, este advogado formado em Harvard fora outrora conhecido na firma pelas suas famosas partidas. E a história dele era completamente fantástica. Bastava parar para pensar: um dos melhores e mais conceituados advogados do país larga tudo, vende todos os seus bens terrenos e parte para a Índia numa odisseia espiritual, regressando depois como um sábio profeta dos Himalaias. Não podia ser verdade.

— Vá, Julian, para de gozar comigo. Esta história está a começar a cheirar-me a uma das tuas piadinhas. Aposto que alugaste esse manto na loja de disfarces que fica em frente ao meu escritório — sugeri eu, dando-lhe o meu melhor sorriso temerário.

Julian respondeu imediatamente, como se já estivesse à espera do meu ceticismo.

— Em tribunal, como é que fazes a arguição de um caso?

— Apresentando provas convincentes.

— Exato. Olha para as provas que eu te dei. Olha para a minha cara lisa, sem rugas. Olha para o meu físico. Não sentes a abundância de energia que eu tenho? Olha para a minha serenidade. De certeza que consegues ver que mudei!

Tinha razão. De facto, há apenas uns anos atrás, ele parecia décadas mais velho.

— Foste a um cirurgião plástico?

— Não — respondeu ele, sorrindo. — Os cirurgiões plásticos ocupam-se do exterior das pessoas. Eu precisava de ser curado por dentro. O meu estilo de vida desequilibrado e caótico deixou-me numa aflição muito grande. O que eu sofri foi muito mais do que um mero ataque cardíaco. Sofri uma rutura do meu ser interior.

— Mas a tua história é tão... misteriosa e invulgar.

Julian manteve-se calmo e paciente perante a minha insistência. Vendo o bule de chá que eu deixara na mesa ao lado dele, começou a servir-me uma chávena. Encheu-a até cima e depois... continuou a verter o chá! Vi-o escorrer pelos bordos da chávena, para o pires, a seguir para o adorado tapete persa da minha mulher. Primeiro, fiquei calado, a observar, mas depois não consegui conter-me.

— Julian, o que é que estás a fazer?! A chávena está cheia. Por mais que tentes, não vais conseguir enfiar mais chá lá dentro! — gritei, impaciente.

Ele fitou-me longamente.

— Por favor, não me leves a mal. Respeito-te muito, John. Sempre respeitei. Mas, exatamente como esta chávena, também tu estás cheio, só que cheio de ideias próprias. E agora diz-me: quantas mais vais conseguir enfiar dentro de ti... *se não esvaziares a chávena primeiro?*

Fiquei atordoado com a verdade das suas palavras. Ele tinha razão. Os meus muitos anos no conservador mundo jurídico, a fazer as mesmas coisas todos os dias, com as mesmas pessoas que pensavam da mesma maneira que eu, encheram a minha chávena até cima. A minha mulher Jenny estava sempre a dizer-me que devíamos conhecer pessoas novas e explorar novas coisas. «Gostava que fosses um pouco mais aventureiro, John», insistia ela.

Não me conseguia lembrar da última vez que tinha lido um livro que não estivesse relacionado com Direito. A profissão era a minha vida. Comecei a perceber que o mundo estéril a que me habituara entorpecera a minha criatividade e limitara a minha visão.

— Está certo, já percebi o que queres dizer — admiti. — Talvez todos estes anos de carreira tenham feito de mim um cético empedernido. Desde o instante em que te vi ontem, no meu gabinete, senti qualquer coisa dentro de mim dizer-me que a tua transformação era genuína e que eu podia aprender com ela. Talvez eu não quisesse acreditar.

— John, esta é a primeira noite da tua nova vida. Só te peço que penses profundamente sobre a sabedoria e as estratégias que vou partilhar contigo e que as apliques com convicção durante um mês. Utiliza estes métodos com uma verdadeira confiança na sua eficácia. Há uma razão para eles terem sobrevivido durante milhares de anos: porque funcionam.

— Um mês parece tanto tempo.

— Seiscentas e setenta e duas horas de trabalho interior para melhorares profundamente todos os instantes do resto da tua vida é um belo negócio, não achas? Investir em ti próprio é o melhor investimento de sempre. Não só vai melhorar a tua vida, como melhorará também as vidas de todas as pessoas que te rodeiam.

— Como?

— Só depois de dominares a arte de te amares a ti mesmo é que podes verdadeiramente amar os outros. Só depois de teres aberto o teu próprio coração é que podes tocar o coração dos outros. Quando te sentes equilibrado e vivo, estás muito mais apto a ser uma pessoa melhor.

— Que mais me poderá acontecer nessas seiscentas e setenta e duas horas que fazem um mês? — perguntei ansiosamente.

— Sentirás mudanças no funcionamento da tua mente, corpo e alma, que te deixarão espantado. Terás mais energia, entusiasmo e harmonia interior do que jamais tiveste, possivelmente na tua vida inteira. As pessoas vão começar a dizer-te que estás com um ar mais jovem e feliz. Uma sensação duradoura de bem-estar e equilíbrio voltará rapidamente à tua vida. Estes são apenas alguns dos benefícios do Sistema Sivana.

— Uau!

— Tudo o que vais ouvir esta noite destina-se a melhorar a tua vida, não só pessoal e profissionalmente, mas também a nível espiritual. O conselho dos sábios é tão atual, hoje, como era há cinco milhares de anos. Não só enriquecerá o teu mundo interior, mas também melhorará o teu mundo exterior e tornar-te-á muito mais eficaz em tudo o que fazes. Esta sabedoria é verdadeiramente a força mais pujante que já conheci. É direta, prática e foi testada durante séculos no laboratório da vida. Acima de tudo, resulta com qualquer pessoa. Mas antes de partilhar este conhecimento contigo, tenho de te pedir que me faças uma promessa.

Eu sabia que tinha de haver contrapartidas. «Ninguém nos dá nada de graça», costumava dizer a minha querida mãe.

— Assim que vires o poder das estratégias e métodos que os Sábios de Sivana me mostraram e constatares os resultados tremendos que trarão à tua vida, tens de assumir a responsabilidade de transmitir esta sabedoria a todas as outras pessoas que poderão beneficiar dela. É tudo o que te peço. Se aceitares, estarás a ajudar-me a cumprir o pacto que fiz com o Iogue Raman.

Assenti sem reservas e Julian começou a ensinar-me os sistemas que considerava sagrados. Embora as técnicas que Julian aprendera a dominar durante a sua estadia fossem variadas, o âmago do Sistema Sivana assentava em sete virtudes básicas, sete princípios fundamentais que constituíam as chaves para a autoliderança, a responsabilidade pessoal e o esclarecimento espiritual.

Julian contou-me que o Iogue Raman foi o primeiro a partilhar as sete virtudes com ele, passados uns meses em Sivana. Numa noite estrelada, quando todos os outros dormiam a sono solto, Raman bateu ao de leve na porta da cabana de Julian. Numa voz de guia gentil, disse o que pensava: «Há muitos dias que te ando a observar atentamente, Julian. Creio que és um homem honesto, que deseja sinceramente preencher a sua vida com tudo o que é bom. Desde que aqui chegaste, abriste-te às nossas tradições e aceitaste-as como se fossem tuas. Aprendeste uma série dos nossos hábitos diários e sentiste muitos dos seus efeitos salutares. Mostraste respeito pelos nossos costumes. A nossa gente vive esta vida simples e serena desde tempos infindos e só uns quantos conhecem os nossos métodos. O mundo precisa de conhecer a nossa filosofia sobre a vida esclarecida. Hoje, na véspera do teu terceiro mês em Sivana, começarei a partilhar contigo o funcionamento intrínseco do nosso sistema, não só para teu benefício, mas para benefício de todas as pessoas que vivem na tua zona do mundo. Sentar-me-ei contigo todos os dias, como me sentei com o meu filho, quando ele era criança. Infelizmente, ele faleceu há uns anos. Chegara a sua hora e não questiono a sua partida. Desfrutei do tempo que passámos juntos e acarinho as memórias que me restaram. Vejo-te, agora, como meu filho e sinto-me grato por tudo o que aprendi ao longo de muitos anos de silenciosa contemplação poder perdurar agora dentro de ti.»

Olhei para Julian e reparei que estava de olhos fechados, como se tivesse regressado àquela terra de conto de fadas que lhe concedera a bênção do conhecimento.

— O Iogue Raman disse-me que as sete virtudes para uma vida transbordante de paz interior, alegria e riqueza de dons espirituais estavam contidas numa fábula mística. Esta fábula era a essência de tudo. Pediu-me para fechar os olhos, como fiz agora, aqui no chão da tua sala. Em seguida, pediu-me para imaginar a seguinte cena, na minha mente:

> Estás sentado no meio de um magnífico jardim, verde e luxuriante. Este jardim está repleto de flores, as flores mais bonitas que já viste em toda a tua vida. O ambiente que te rodeia é de uma serenidade e silêncio absolutos. Saboreia as delícias sensuais deste jardim e sente que tens todo o tempo do mundo para desfrutar deste oásis natural. Quando olhas em volta, vês, a meio do mágico jardim, um imponente farol encarnado, com seis andares de altura. Subitamente, o silêncio do jardim é quebrado pelo ranger sonoro da porta do farol a abrir-se. De lá, sai um lutador de *sumo* japonês, com um metro e noventa e quinhentos quilos de peso, que se aproxima descontraidamente do centro do jardim.

— A história torna-se ainda mais divertida — riu-se Julian. — O lutador de *sumo* está praticamente nu. Só tem um cabo cor-de-rosa a tapar-lhe as partes privadas.

Quando o lutador de *sumo* começa a percorrer o jardim, encontra um brilhante cronómetro dourado, que alguém deixou para trás há muitos anos. Ele põe-no no braço e cai ao chão com estrondo. O lutador de *sumo* está inconsciente e jaz por terra, silencioso e imóvel. Quando pensas que ele morreu, o lutador acorda, porventura despertado pela fragrância de umas rosas amarelas que se encontram junto dele. Cheio de energia, o lutador põe-se rapidamente de pé e olha instintivamente para a esquerda. Fica espantado com o que vê. Através dos arbustos, nos confins do jardim, vê um longo carreiro serpenteado coberto por milhões de diamantes reluzentes. Algo indica ao lutador para seguir aquele carreiro e, para mérito dele, fá-lo. Esse carreiro leva-o à estrada da alegria e da bênção eternas.

Depois de ouvir este estranho conto no cimo dos Himalaias, sentado ao lado de um monge que vira a luz do conhecimento em primeira mão, Julian ficou desiludido. Pensava que ia escutar uma história de abalar a terra, um conhecimento que o levasse imediatamente a agir, ou porventura uma fábula que o levasse às lágrimas. Em vez disso, ouviu uma história tola sobre um lutador de *sumo* e um farol.

O Iogue Raman reparou na sua desilusão. «Nunca subestimes o poder da simplicidade», disse ele a Julian. «Esta história pode não ser o discurso sofisticado que esperavas», prosseguiu o sábio, «mas cada mensagem constitui um universo de sabedoria e tem um objetivo puro. Desde o dia em que aqui chegaste, tenho andado a pensar muito sobre como partilhar o nosso conhecimento contigo. Primeiro, pensei fazer-te uma série de palestras ao longo dos meses, mas depois percebi que esse método tradicional não se adequava à natureza mágica da sabedoria que estás prestes a receber. Pensei, a seguir, pedir a todos os meus irmãos e irmãs para passarem algum tempo contigo, todos os dias, a ensinarem-te a nossa filosofia. Mas achei que essa também não seria a forma mais eficaz de aprenderes o que temos para te dizer. Após longa reflexão, concluí finalmente que o melhor era contar-te, de uma maneira criativa mas eficaz, todo o sistema de Sivana, com as suas sete virtudes… que foi esta fábula mística.»

O sábio acrescentou: «A princípio, pode parecer frívola e inclusivamente infantil. Mas garanto-te que cada elemento da fábula contém um princípio intemporal para uma vida radiante e tem um sentido muito profundo. O jardim, o farol, o lutador de *sumo*, o cabo cor-de-rosa, o cronómetro, as rosas e o carreiro serpenteante com diamantes são os símbolos das sete virtudes intemporais para uma vida esclarecida. Posso garantir-te também que, se te lembrares desta pequena história e das verdades fundamentais que representa, carregarás dentro de ti tudo o que precisas de saber para elevar a tua vida ao seu nível mais supremo. Terás todas as informações e estratégias de que necessitas para alterar profundamente a qualidade da tua vida e das vidas de todas as pessoas que encontrares. E quando aplicares esta sabedoria no teu dia-a-dia, mudarás: mental, emocional, física e espiritualmente. Inscreve, por favor, esta história bem fundo na tua alma e leva-a contigo dentro do teu coração. Produzirá uma mudança radical, se a aceitares sem reservas.

— Felizmente, John — disse Julian —, foi isso que fiz. Carl Jung escreveu que «a nossa visão só se torna clara quando conseguimos olhar para dentro do nosso coração. Quem olha para fora, sonha; quem olha para dentro, desperta». Naquela noite tão especial, olhei para dentro do meu coração e despertei para os segredos intemporais que enriquecem a mente, cultivam o corpo e alimentam a alma. Agora, é a minha vez de partilhá-los contigo.

7

Um jardim extraordinário

A maior parte das pessoas vive — quer física e intelectualmente, quer moralmente — num círculo muito restrito do seu ser potencial. Todos temos reservatórios de vida aos quais recorrer que nem sequer imaginamos.

William James

— Na fábula, o jardim é um símbolo da mente — explicou Julian. — Se cuidares da tua mente, se a nutrires e cultivares como um jardim rico e fértil, ele florescerá muito além das tuas expectativas. Mas se deixares as ervas daninhas criarem raízes, nunca terás paz de espírito e harmonia interior profunda. Deixa-me fazer-te uma pergunta muito simples, John. Se eu chegasse ao teu quintal, onde tens o tal jardim de que tanto me costumavas falar e despejasse resíduos tóxicos nas tuas queridas petúnias, não ias ficar nada contente, pois não?

— Claro que não.

— Aliás, a maior parte dos jardineiros guardam os seus jardins como orgulhosos soldados e certificam-se de que eles nunca serão contaminados. E, no entanto, vê a quantidade de resíduos tóxicos que a maioria das pessoas põe, todos os dias, no jardim fértil das suas mentes: as preocupações e ansiedades, as inquietações com o passado, as cogitações sobre o futuro e todos aqueles medos autogerados que criam o caos no seu mundo interior. Na língua nativa dos Sábios de Sivana, que existe há milhares de anos, o carácter escrito que simboliza preocupação é extremamente parecido com o carácter de uma pira fúnebre. O Iogue Raman disse-me que não se trata de uma mera coincidência. A preocupação consome a energia da mente e, mais cedo ou mais tarde, prejudica a alma.

— Para viver a vida em pleno — prosseguiu Julian — tens de guardar os portões do teu jardim e só deixar entrar as coisas boas. Não te podes dar ao luxo de ter um pensamento negativo, absolutamente nenhum. As pessoas mais alegres, dinâmicas e satisfeitas deste mundo não são diferentes de ti ou de mim, em termos da sua estrutura. Todos somos feitos de carne e osso. Provimos todos da mesma fonte universal. Mas aquelas que não se contentam com subsistir, as que ateiam as chamas do seu potencial humano e saboreiam verdadeiramente a mágica dança da vida, fazem coisas diferentes daquelas pessoas cujas vidas são banais. Acima de tudo, adotam um paradigma positivo acerca do seu mundo e de tudo o que nele existe.

— Os sábios ensinaram-me — acrescentou Julian — que num dia normal, pela cabeça de uma pessoa comum passam cerca de sessenta mil pensamentos. Mas o que mais me espantou foi que noventa e cinco por cento desses pensamentos eram os mesmos que a pessoa pensou no dia anterior!

— Estás a falar a sério? — perguntei.

— Muito a sério. É esta a tirania do pensamento empobrecido. Essas pessoas que pensam as mesmas coisas todos os dias, sendo a maior parte delas negativas, caíram em maus hábitos mentais. Em vez de se concentrarem em todos os aspectos bons das suas vidas e pensarem em maneiras de melhorar as coisas, ficaram presas aos seus passados. Algumas preocupam-se com relações fracassadas ou com problemas financeiros. Outras inquietam-se por causa das suas infâncias pouco perfeitas. Outras, ainda, atormentam-se com assuntos comezinhos: a forma como o empregado de uma loja as tratou ou o comentário que um colega de trabalho fez de má-fé. As pessoas que pensam desta maneira estão a permitir que a preocupação lhes roube a sua força de vida. Estão a impedir que o enorme potencial das suas mentes faça a sua magia e lhes dê tudo o que desejam, emocional, física e, sim, espiritualmente. Estas pessoas nunca se apercebem de que a gestão da mente é a essência da gestão da vida.

— A maneira como pensamos deriva do hábito, pura e simplesmente — continuou Julian com convicção. — A maior parte das pessoas não se apercebe do enorme poder das suas mentes. Aprendi que até os melhores pensadores utilizam apenas um centésimo de um por cento das suas reservas mentais. Em Sivana, os sábios ousaram explorar o potencial adormecido da sua capacidade mental, numa base regular e os resultados foram espantosos. O Iogue Raman, através de treino regular e disciplinado, condicionou a sua mente ao ponto de conseguir abrandar o bater do seu coração. Treinou-se inclusivamente a passar semanas a fio sem dormir. Não estou a sugerir que devas aspirar a alcançar estes objetivos, sugiro apenas que comeces por ver a tua mente como ela é: o maior dom da natureza.

— Há alguns exercícios que eu possa fazer para abrir este potencial da mente? Conseguir abrandar o ritmo do meu coração faria de mim um êxito no circuito das festas — comentei, a brincar.

— Não te preocupes com isso agora, John. Vou ensinar-te algumas técnicas práticas que podes experimentar mais tarde e que te vão mostrar o poder desta antiga tecnologia. Por agora, o que importa é compreender que o domínio da mente vem, nada mais nada menos, do treino. A maior parte de nós dispõe das mesmas matérias-primas ao nascer; o que distingue as pessoas que alcançam mais do que as outras, ou aquelas que são mais felizes do que as outras, é a maneira como usam e definem essas matérias-primas. Quando uma pessoa se dedica a transformar o seu mundo interior, a vida passa rapidamente da trivialidade para o reino do extraordinário.

O meu professor estava cada vez mais excitado. Os seus olhos pareciam cintilar quando falou sobre a magia da mente e da abundância de coisas boas que ela traz.

— Sabes que mais, John? Feitas as contas, só há uma coisa sobre a qual temos controlo absoluto.

— Os nossos filhos? — perguntei, sorrindo bem-humorado.

— Não, meu amigo: as nossas mentes. Podemos não controlar o clima ou o trânsito ou os estados de espírito das pessoas que nos rodeiam. Mas conseguimos, sem dúvida, controlar a nossa atitude perante esses acontecimentos. Todos nós temos o poder de determinar o que vamos pensar a qualquer momento. Esta capacidade faz parte de tudo aquilo que nos torna humanos. Uma das pérolas fundamentais de sabedoria mundana, que aprendi nas minhas viagens pelo Oriente, é também uma das mais simples.

Julian fez uma pausa, como se fosse evocar um dom de valor inestimável.

— O que é?

— Não existe uma realidade objetiva ou «o mundo real». Não existem absolutos. O rosto do teu maior inimigo pode ser o rosto do meu melhor amigo. Um acontecimento que parece uma tragédia para uma pessoa pode revelar as sementes de oportunidades sem limite para outra. O que realmente separa as pessoas que são geralmente positivas e otimistas daquelas que estão constantemente infelizes é a maneira como as circunstâncias da vida são interpretadas e processadas.

— Julian, como é que uma tragédia pode ser outra coisa que não uma tragédia?

— Deixa-me dar-te rapidamente um exemplo. Quando viajei por Calecut, conheci uma professora chamada Malika Chand. Ela adorava ensinar e tratava os alunos como trataria os seus próprios filhos, alimentando o seu potencial com todo o carinho. O seu lema permanente era: «A tua força de vontade é mais importante do que o teu quociente de inteligência.» Era conhecida em toda a comunidade como uma pessoa que gostava de dar, que servia altruisticamente qualquer pessoa necessitada. Infelizmente, a sua querida escola, que servira de palco ao maravilhoso crescimento de várias gerações de crianças, foi devastada, uma noite, pelas chamas ateadas por um incendiário. Todas as pessoas da comunidade sofreram uma enorme perda. Mas, à medida que o tempo foi passando, a sua raiva cedeu lugar à apatia e elas resignaram-se ao facto de que os seus filhos iam ficar sem escola.

— E Malika?

— Ela era diferente, uma eterna otimista. Ao contrário de todas as pessoas à sua volta, ela apercebeu-se da oportunidade que tinha em mãos. Contou aos pais das crianças que todos os obstáculos oferecem um benefício equivalente, se as pessoas se derem ao trabalho de o procurar. Este acontecimento era uma dádiva encapotada. A escola que ficara reduzida a cinzas estava velha e decrépita. O telhado tinha brechas e o chão cedera à pressão de milhares de pezinhos a pisarem a sua superfície. Esta era a oportunidade de que tinham estado à espera para unirem esforços, enquanto comunidade, e construírem uma escola muito melhor, uma escola que educasse muitas outras crianças nos anos vindouros. E assim, com esta força enérgica de sessenta e quatro anos, as pessoas reuniram os seus recursos coletivos e angariaram uma verba suficiente para construírem uma escola novinha em folha, uma escola que se erguia como um brilhante exemplo do poder da visão perante a adversidade.

— Portanto, é como o velho ditado sobre o otimista que vê o copo semicheio em vez de semivazio?

— É uma boa maneira de encarar as coisas. Independentemente do que possa acontecer na tua vida, só tu tens a capacidade de escolher como vais reagir. Assim que criares o hábito de procurar sempre o lado positivo em todas as circunstâncias, a tua vida alcançará as suas dimensões supremas. Esta é uma das maiores de todas as leis naturais.

— E o princípio de tudo é utilizar a mente de uma maneira mais eficaz?

— Exatamente, John. Todo o sucesso na vida, seja material, seja espiritual, começa por essa massa de seis quilos que tens entre os ombros. Ou, mais especificamente, pelos pensamentos que enfias na tua mente, a cada segundo de cada minuto de cada dia. O teu mundo exterior reflete o estado do teu mundo interior. Ao controlares os pensamentos e a maneira como reages aos acontecimentos da tua vida, começas a controlar o teu destino.

— Faz todo o sentido, Julian. Acho que a minha vida se tornou tão desenfreada que nunca tive tempo para pensar nestas coisas. Quando andava na faculdade, o meu melhor amigo, Alex, adorava ler livros inspiradores. Dizia que o mantinham motivado e cheio de energia perante a nossa pesada carga de trabalho. Lembro-me de ele dizer que um desses livros explicava que o carácter chinês para crise é composto por dois subcaracteres: um que simboliza perigo e outro que simboliza oportunidade. Pelos vistos, até os antigos chineses sabiam que existe um lado positivo para a mais negra das circunstâncias... se tivermos coragem de o procurar.

— O Iogue Raman explicou a situação da seguinte maneira: «Não existem erros na vida, apenas lições. Não existem experiências negativas, apenas oportunidades para crescer, aprender e avançar ao longo da estrada do autodomínio. Da luta advém a força. Até a dor pode ser um professor magnífico.»

— A dor? — objetei.

— Claro. Para transcenderes a dor, primeiro tens de senti-la. Ou, por outras palavras, como é que podes verdadeiramente sentir a alegria de estar no cume da montanha, sem visitares primeiro o fundo do vale? Estás a compreender?

— Para saborear o bom, temos de conhecer o mau?

— Sim. Mas a minha sugestão é que pares de julgar os acontecimentos como sendo positivos ou negativos. Limita-te, pelo contrário, a vivê-los, a celebrá-los e a aprender com eles. Todos os acontecimentos nos oferecem lições. Estas pequenas lições alimentam o nosso crescimento interior e exterior. Sem elas, ficarias preso num planalto. Pensa nisto no contexto da tua vida. A maior parte das pessoas cresce mais depois de passar precisamente por experiências que constituem um grande desafio. E se o resultado não for aquele que esperavas e te sentires desiludido, lembra-te de que as leis da natureza garantem sempre que, quando se fecha uma porta, abre-se outra.

Julian começou a agitar os braços de excitação, como um ministro norte-americano sulista a pregar para a sua congregação.

— Quando começares a aplicar consistentemente este princípio à tua vida quotidiana e começares a condicionar a tua mente para traduzir todos os acontecimentos em lições positivas e fortalecedoras, acabarás para sempre com as preocupações. Deixarás de ser prisioneiro do teu passado. Pelo contrário, tornar-te-ás o arquiteto do teu futuro.

— Está bem, já percebi a ideia. Todas as experiências, até as más, me oferecem uma lição. Portanto, devo abrir a minha mente para conseguir aprender através de tudo o que me acontece. Assim, ficarei mais forte e feliz. Que mais pode um humilde advogado da classe média fazer para melhorar as coisas?

— Acima de tudo, começa a viver a partir da glória da tua imaginação e não da tua memória.

— Explica lá isso outra vez.

— O que eu quero dizer é que, para libertares o potencial da tua mente, corpo e alma, primeiro tens de expandir a tua imaginação. As coisas são sempre criadas duas vezes: primeiro na oficina da mente e depois, só depois, na realidade. Eu chamo a este processo «fazer um projeto», porque tudo o que crias no teu mundo exterior começou por ser um mero projeto no teu mundo interior, no ecrã riquíssimo da tua mente. Quando aprendes a controlar os teus pensamentos e imaginas vividamente tudo o que desejas para esta existência terrena num estado de total expectativa, as forças dormentes despertam dentro de ti. Começarás a libertar o verdadeiro potencial da tua mente, para criar o tipo de vida mágica que eu acho que mereces. A partir de hoje à noite, esquece o passado. Ousa sonhar que és mais do que a soma das tuas atuais circunstâncias. Espera pelo melhor. Ficarás espantado com os resultados.

— Sabes uma coisa, John — prosseguiu Julian —, ao longo daqueles anos todos na carreira jurídica, eu achava que sabia tudo. Passei anos a estudar nas melhores escolas, a ler todos os livros de Direito que conseguia arranjar e a trabalhar com os melhores mestres. Sim, eu era um vencedor no jogo do Direito. Mas, agora, percebo que estava a perder no jogo da vida. Estava tão entretido com os grandes prazeres da vida que me esqueci dos pequeninos. Nunca li os livros magníficos que o meu pai me costumava dizer para ler. Não construí grandes amizades. Nunca aprendi a apreciar boa música. Tendo dito isto, considero-me uma pessoa de sorte. O meu ataque cardíaco foi um momento decisivo, o meu despertar pessoal, por assim dizer. Acredites ou não, deu-me uma segunda oportunidade de viver uma vida mais rica e mais inspirada. Como Malika Chand, vi as sementes da oportunidade contidas na minha experiência dolorosa. Acima de tudo, tive a coragem de as alimentar.

Percebi que, ao mesmo tempo que Julian rejuvenescera por fora, tornara-se mais sensato por dentro. Compreendi que aquele serão era mais do que uma mera conversa fascinante com um velho amigo. Percebi que aquele serão podia ser o meu próprio momento decisivo e uma excelente oportunidade para começar de novo. A minha mente começou a refletir sobre tudo o que estava errado na minha vida. Sim, tenho uma família ótima e um emprego estável como advogado conceituado. Contudo, nos meus momentos de sossego, sabia que tinha de haver mais qualquer coisa. Tinha de preencher o vazio que começava a cair sobre a minha vida.

Quando eu era miúdo, tinha grandes sonhos. Muitas vezes, imaginava-me como um herói desportivo ou um magnata dos negócios. Acreditava que podia fazer, ter e ser tudo o que quisesse. Lembrei-me também da maneira como me costumava sentir, quando era adolescente, na solarenga Costa Oeste. Divertia-me com prazeres tão simples! Divertia-me a passar uma tarde inteira a nadar nu ou a passear de bicicleta pelo meio do mato. Tinha uma curiosidade tão grande pela vida! Era um aventureiro. O meu futuro não tinha limites. Sinceramente, acho que nunca mais tornei a sentir esse tipo de liberdade e alegria, nos últimos quinze anos. Que aconteceu?

Talvez eu tenha perdido os meus sonhos de vista, quando me tornei adulto e me resignei a agir como os adultos devem agir. Talvez os tenha perdido de vista, quando entrei na Faculdade de Direito e comecei a falar como os advogados devem falar. Seja como for, aquela noite com o Julian ao meu lado, a abrir o seu coração sobre uma chávena de chá frio, fez-me decidir parar de gastar tanto tempo a ganhar dinheiro e investir muito mais em criar uma vida.

— Parece-me que te pus a pensar também na tua vida — comentou Julian. — Começa por pensar nos teus sonhos, para variar, como fazias quando eras miúdo. Jonas Salk escreveu: «Já tive sonhos e já tive pesadelos. Ultrapassei os pesadelos por causa dos meus sonhos.»

Atreve-te a desenterrar os teus sonhos, John. Recomeça a venerar a vida e a celebrar todas as suas maravilhas. Desperta para o poder da tua própria mente, para fazeres com que as coisas aconteçam. Assim que o fizeres, o universo vai tornar-se teu aliado e trazer magia para a tua vida.

Julian enfiou a mão no bolso fundo do manto e retirou um pequeno cartão, do tamanho de um cartão de visita, com os bordos rasgados, possivelmente de tanto uso.

— Um dia, enquanto o Iogue Raman e eu passeávamos por um sossegado trilho de montanha, perguntei-lhe quem era o seu filósofo preferido. Ele disse-me que tivera muitas influências na vida e que era difícil escolher uma só fonte de inspiração. Mas havia uma citação em particular que ele levava dentro do coração; uma citação que simbolizava todos os valores que aprendera a valorizar ao longo de uma vida de contemplação. Naquele lugar magnífico, nas profundezas do centro do nada, aquele sábio do Oriente partilhou-a comigo. E também eu inscrevi aquelas palavras no meu coração. Ainda hoje me recordam diariamente tudo o que somos... e tudo o que podemos ser. As palavras eram do grande filósofo indiano Patanjali. Proferi-las em voz alta todas as manhãs, antes de me sentar a meditar, tem tido uma profunda influência no desenrolar dos meus dias. Lembra-te, John, de que as palavras são a encarnação verbal do poder.

Julian mostrou-me, em seguida, o cartão. A citação dizia:

> Quando te sentes inspirado por um objetivo grandioso, por um projeto extraordinário, todos os teus pensamentos quebram as suas grilhetas: a tua mente transcende as limitações, a tua consciência expande-se em todas as direções e tu deparas-te com um novo, magnífico e maravilhoso mundo. As forças, faculdades e talentos adormecidos despertam para a vida e descobres que tu próprio és uma pessoa muito melhor do que jamais pensaras ser possível.

Nesse instante, percebi a relação que existe entre vigor físico e agilidade mental. Julian era o retrato perfeito da saúde e parecia muito mais jovem do que quando nos conhecemos. Transbordava de vitalidade e parecia que a sua energia, entusiasmo e otimismo não tinham limites. Compreendi que ele fizera muitas mudanças no seu estilo de vida anterior, mas era notório que o ponto de partida da sua magnífica transformação fora a saúde mental. O sucesso exterior começa, de facto, pelo sucesso interior e, mudando os seus pensamentos, Julian Mantle mudara a sua vida.

— Como é que posso, ao certo, desenvolver essa maneira de estar positiva, serena e inspirada, Julian? Depois de tantos anos de rotina, acho que os meus músculos mentais estão em má forma. Aliás, pensando bem, tenho muito pouco controlo sobre os pensamentos que andam a pairar no jardim da minha mente — confessei.

— A mente é um excelente criado, mas um péssimo patrão. Se te tornaste um pensador negativo é porque não cuidaste da tua mente e não a treinaste para se concentrar no bem. Winston Churchill disse que «o preço da grandeza é assumirmos a responsabilidade por cada um dos nossos pensamentos». Só assim poderás instaurar o vibrante padrão mental que desejas. Lembra-te de que a mente é realmente como qualquer outro músculo do corpo. Se não o usares, perde o vigor.

— Estás a dizer que, se eu não exercitar a minha mente, ela enfraquece?

— Exatamente. Vê as coisas da seguinte maneira. Se queres fortalecer os músculos do teu braço, tens de treiná-los. Se queres endurecer os músculos das tuas pernas, tens de exercitá-los. A tua mente também fará coisas maravilhosas, se a deixares. Atrairá tudo o que desejas para a tua vida, assim que aprenderes a operá-la de maneira eficaz. Criará uma saúde ideal, se cuidares dela como deve ser. E regressará ao seu estado natural de serenidade e tranquilidade, se tiveres a visão para o pedir. Os Sábios de Sivana têm um ditado muito especial: «Os limites da tua vida são meras criações do eu.»

— Não percebi essa frase, Julian.

— Os pensadores esclarecidos sabem que os seus pensamentos formam o seu mundo e que a qualidade de vida se reduz à riqueza desses pensamentos. Se queres uma vida mais pacífica e significativa, tens de pensar de um modo mais pacífico e significativo.

— Dá-me a solução rápida, Julian.

— O que é que queres dizer com isso? — perguntou Julian baixinho, passando os dedos bronzeados pela frente do seu manto de textura belíssima.

— Estou empolgado com o teu discurso, mas sou um homem impaciente. Não tens uns exercícios ou umas técnicas que eu possa usar já, aqui na minha sala de estar, para mudar a maneira como utilizo a minha mente?

— As soluções rápidas não resultam. Toda a mudança interior duradoura requer tempo e esforço. A persistência é a fonte da mudança pessoal. Não estou a dizer que vais demorar anos a conseguir mudar profundamente a tua vida. Se aplicares diligentemente as estratégias que estou a partilhar contigo, todos os dias, durante apenas um mês, ficarás espantado com os resultados. Começarás a descobrir os níveis mais elevados das tuas capacidades e a entrar no reino do miraculoso. Mas, para chegares ao teu destino, não podes ficar obcecado com o resultado. Pelo contrário, goza o processo de expansão e crescimento pessoal. Ironicamente, quanto menos te preocupares com o resultado final, mais rapidamente ele surgirá.

— Como?

— É como aquela história clássica do miúdo que saiu de casa para ir estudar com um grande mestre. Quando conheceu o velho sábio, a primeira pergunta que lhe fez foi: «Quanto tempo vou demorar a ficar tão sábio como tu?» A resposta não se fez esperar: «Cinco anos.» «É muito tempo», retorquiu o miúdo. «E se eu trabalhar com o dobro do afinco?», disse. «Nesse caso, demorarás dez anos», respondeu o mestre. «Dez?! É muito tempo. E se eu estudar dia e noite, todos os dias e todas as noites?», disse. «Quinze anos», respondeu o sábio. «Não compreendo», disse o miúdo. «Sempre que prometo dedicar mais energia ao meu objetivo, dizes-me que vou demorar ainda mais tempo a atingi-lo. Porquê?» Disse o sábio: «A resposta é simples. Com um olho fixo no destino, sobra-te apenas um olho para te guiar ao longo da viagem.»

— Excelente argumentação, senhor advogado — comentei, divertido. — Parece a história da minha vida.

— Sê paciente e não te esqueças de que tudo o que procuras acabará por vir ao teu encontro, se te preparares para isso e esperares.

— Mas nunca fui uma pessoa de sorte, Julian. Tudo o que conquistei foi através de pura persistência.

— O que é a sorte, meu amigo? — redarguiu Julian, num tom carinhoso. — Não passa do casamento entre a preparação e a oportunidade.

E, baixinho, acrescentou:

— Antes de te explicar os métodos exatos que os Sábios de Sivana me ensinaram, primeiro tenho de partilhar contigo alguns dos conceitos-chave. Para começar, lembra-te sempre de que a concentração é a raiz do domínio mental.

— A sério?

— Eu sei, também fiquei surpreendido. Mas é verdade. A mente pode alcançar feitos extraordinários, já sabes isso. O simples facto de teres um desejo ou um sonho significa que tens a correspondente capacidade de o concretizares. Esta é uma das grandes verdades universais dos Sábios de Sivana. Mas, para libertares o poder da mente, primeiro tens de dominá-lo e canalizá-lo unicamente para a tarefa que tens em mãos. Assim que concentrares a tua mente num só objetivo, surgirão extraordinárias bênçãos na tua vida.

— Por que é que a concentração é tão importante?

— Permite-me responder à tua pergunta com um trocadilho. Imaginemos que te perdes numa floresta, em pleno inverno. Precisas desesperadamente de te aquecer. Dentro da tua mochila só tens uma carta que o teu melhor amigo te enviou, uma lata de atum e uma pequena lupa com que andas sempre para compensar a tua miopia. Felizmente, conseguiste encontrar lenha seca, mas não tens fósforos. Como é que acendias o fogo?

Meu Deus! Julian deixara-me à nora. Não fazia ideia de qual seria a resposta.

— Desisto.

— É muito simples. Colocas a carta no meio da lenha seca e seguras na lupa por cima de tudo. Os raios de sol concentram-se na lente e ateiam o fogo numa questão de segundos.

— E a lata de atum?

— Oh, só falei na lata de atum para te distrair da solução óbvia — respondeu Julian com um sorriso. Mas o fundamental do exemplo é: se pusesses a carta por cima da lenha seca, não obterias resultados. Mas, assim que usares a lupa para concentrar os raios dispersos de sol na carta, ela incendeia-se. Esta analogia aplica-se à mente. Quando concentras o seu tremendo poder em objetivos definidos e significativos, rapidamente ateias as chamas do teu poder pessoal e produzes resultados surpreendentes.

— Tais como? — perguntei.

— Só tu podes responder a essa pergunta. O que é que procuras? Queres ser um pai melhor e ter uma vida mais equilibrada e gratificante? Desejas mais realização espiritual? É aventura e diversão que achas que te faltam? Pensa bem nestas questões.

— E que tal felicidade eterna?

— És modesto, tu — riu-se Julian. — Nada como começar por coisas pequenas! Sim, também podes ter felicidade eterna.

— Como?

— Os Sábios de Sivana conhecem o segredo da felicidade há mais de cinco milhares de anos. Felizmente, não se importaram de partilhar esta dádiva comigo. Queres ouvi-la?

— Não, estou com vontade de fazer uma pausa agora e ir forrar a garagem com papel de parede.

— Hã?

— É claro que quero ouvir o segredo da felicidade eterna, Julian. Não é disso que, em última instância, andamos todos à procura?

— É verdade. Bom, aqui fica... importas-te de me servir mais um pouco de chá?

— Vá, para de empatar.

— Está bem, o segredo da felicidade é simples: *descobre o que é que realmente gostas de fazer e, depois, canaliza toda a tua energia nessa direção.*

Se estudares as pessoas mais felizes, saudáveis e contentes do nosso mundo, verás que todas elas descobriram a paixão da sua vida e passaram os seus dias a investir nela. Este chamamento acaba quase sempre por, de certo modo, servir os outros. Assim que concentrares o teu poder e energia mentais numa coisa que adoras, a tua vida enche-se de abundância e todos os teus desejos se concretizam facilmente.

— Portanto, é uma questão de descobrir o que nos entusiasma e depois fazê-lo?

— Se for um objetivo digno — respondeu Julian.

— Como é que defines «digno»?

— Como já disse, John, a tua paixão tem que, de algum modo, melhorar ou servir as vidas de outras pessoas. Victor Frankl explicou-o de uma maneira tão concisa que vou citá-lo: «O sucesso, à semelhança da felicidade, não pode ser provocado. Tem de surgir naturalmente. E isso só acontece como efeito secundário espontâneo da dedicação do indivíduo a uma causa superior a ele.» Assim que descobrires qual é a obra da tua vida, o teu mundo despertará. Acordarás todas as manhãs com uma reserva inesgotável de energia e entusiasmo. Todos os teus pensamentos estarão concentrados no teu objetivo definido. Não terás tempo para desperdiçar tempo. As tuas capacidades mentais não serão, por conseguinte, desperdiçadas em pensamentos triviais. Apagarás automaticamente o hábito da preocupação e tornar-te-ás muito mais eficaz e produtivo. Curiosamente, também terás uma sensação mais profunda de harmonia interior, como se estivesses a ser guiado para cumprires a tua missão. É uma sensação maravilhosa, que eu adoro — rematou Julian, sorrindo.

— Fascinante. Agrada-me a parte de acordar a sentir-me bem. Para ser sincero, Julian, a maior parte dos dias só me apetecia era ficar debaixo dos cobertores. Seria muito melhor do que ter de enfrentar o trânsito, clientes irritados, adversários agressivos e a corrente interminável de influências negativas. Tudo isso me deixa tão cansado...

— Sabes por que é que a maior parte das pessoas dorme tanto?

— Não, porquê?

— Porque não têm mais nada para fazer. As pessoas que se levantam com o nascer do Sol têm todas uma coisa em comum.

— Loucura?

— Que graça. Não, têm um objetivo que acende o fogo do seu potencial interior. São motivadas pelas suas prioridades, mas não de uma maneira doentia ou obsessiva. Fazem-no sem esforço. E como sentem entusiasmo e paixão pelo que fazem na vida, essas pessoas vivem no presente. A sua atenção está completamente virada para a tarefa que têm em mãos, portanto não há fugas de energia. Essas pessoas são as mais vibrantes e enérgicas que hás de conhecer em toda a tua vida.

— Fugas de energia? Parece-me um discurso muito New Age, Julian. Aposto que não aprendeste essa terminologia na Universidade de Harvard.

— Tens razão. Os Sábios de Sivana foram os pioneiros desse conceito. Embora exista há séculos, a sua aplicação é tão relevante nos tempos que correm como na época em que surgiu. Existem demasiadas pessoas consumidas por preocupações desnecessárias e infindáveis, que esgotam toda a nossa vitalidade e energia. Já alguma vez viste o interior de um pneu de bicicleta?

— Claro que já.

— Quando está completamente cheio, leva-te facilmente ao teu destino. Mas se tiver fugas, o pneu acaba por esvaziar-se e a tua viagem é abruptamente interrompida. É assim que a mente funciona. A preocupação faz com que a tua preciosa energia mental vaze, tal como o ar a vazar do interior de um pneu. Em breve, ficas sem energia. Toda a tua criatividade, otimismo e motivação se esgotaram, deixando-te exausto.

— Eu sei qual é a sensação. Muitas vezes passo os meus dias no caos de uma crise. Tenho de estar em não sei quantos lugares ao mesmo tempo e não consigo satisfazer ninguém. Nesses dias, sinto que, apesar de ter feito pouco esforço físico, fico completamente esgotado, à conta de tanta preocupação. Quando chego a casa, só tenho forças para pegar num copo de *whisky* e sentar-me à frente da televisão a fazer *zapping*.

— Exatamente. É o que o stresse faz às pessoas. Mas assim que descobres o teu objetivo, a vida torna-se muito mais fácil e gratificante. Quando descobres qual é realmente a tua principal finalidade, ou destino, nunca mais terás de trabalhar na vida.

— Reforma antecipada?

— Não — respondeu Julian, com aquele seu tom determinado dos tempos em que era um advogado de sucesso. — O trabalho será uma diversão.

— Não achas que seria um bocado arriscado desistir da minha carreira, para me pôr à procura da minha paixão e objetivo? Tenho uma família para sustentar e contas pendentes. Tenho quatro pessoas que dependem de mim.

— Não estou a dizer para abandonares a carreira jurídica amanhã. Mas terás de começar a correr riscos. A sacudir um pouco a tua vida. Liberta-te das teias de aranha. Segue um desvio em vez do caminho que já conheces. A maior parte das pessoas vive dentro dos limites da sua zona confortável. O Iogue Raman foi a primeira pessoa que me explicou que a melhor coisa que podemos fazer por nós próprios é ir além dos nossos confins habituais. É esse o caminho para o autocontrolo e para a concretização do verdadeiro potencial dos nossos dotes humanos.

— Que são?

— A mente, o corpo e alma.

— Então, que riscos é que devo correr?

— Para de ser tão pragmático. Começa a fazer as coisas que sempre quiseste fazer. Conheço advogados que desistiram da carreira para se tornarem atores, e contabilistas que se tornaram músicos de *jazz*. E descobriram, assim, a felicidade profunda que durante tanto tempo lhes escapara por entre os dedos. Qual é o problema de já não terem dinheiro para fazer férias duas vezes por ano e ter uma casa de luxo nas Ilhas Caimão? Correr riscos calculados traz lucros enormes. Como é que hás de chegar ao cimo da escada, se nunca tirares os pés do primeiro degrau?

— Compreendo.

— Portanto, pensa. Descobre a tua verdadeira razão de viver e, depois, ganha coragem para a concretizares.

— Com o devido respeito, Julian, pensar é o que eu mais faço. Aliás, o meu problema é pensar demasiado. A minha mente não para. É um caos de vozes que me deixa louco.

— O que eu te estou a sugerir não é isso. Todos os dias, os Sábios de Sivana dedicavam uns instantes do seu tempo à meditação silenciosa, para refletirem sobre não só por que é que ali estavam, mas para onde iam. Refletiam sobre os seus objetivos e como é que estavam a viver as suas vidas, dia-a-dia. Acima de tudo, pensavam profunda e honestamente em como poderiam melhorar o dia seguinte. Os avanços conquistados diariamente produzem resultados duradouros que, por sua vez, conduzem à mudança positiva.

— Portanto, eu devia gastar uns minutos por dia a refletir sobre a minha vida?

— Sim. Nem que sejam dez minutos de reflexão por dia, será o suficiente para melhorares substancialmente a tua qualidade de vida.

— Estou a perceber, Julian. O problema é que, assim que o meu dia engrena, não disponho de dez minutos livres, nem sequer para almoçar.

— Meu amigo, dizer que não tens tempo para melhorar os teus pensamentos e a tua vida é como dizer que não tens tempo para meter gasolina, porque estás demasiado ocupado a conduzir. Vais acabar por sofrer as consequências.

— Sim, eu sei. Então e as tais técnicas que me ias ensinar, Julian? — lembrei, na esperança de aprender um método prático para aplicar a sabedoria que ele estava a transmitir-me.

— Há uma técnica para dominar a mente, que se destaca de todas as outras. É uma das preferidas dos Sábios de Sivana, que me a ensinaram com toda a fé e confiança. Depois de a treinar durante vinte e um dias, senti-me mais enérgico, entusiástico e revigorado do que nunca. É uma técnica de há quatro mil anos. Chama-se Coração da Rosa.

— Conta-me.

— Para fazeres este exercício só precisas de uma rosa fresca e de um lugar silencioso. O mais indicado é sempre um espaço natural, mas um quarto sossegado também serve. Começa por observar o centro da rosa, o coração. O Iogue Raman disse-me que uma rosa é muito parecida com a vida: encontras espinhos pelo meio, mas se tiveres fé e acreditares nos teus sonhos, acabarás por ultrapassar os espinhos e chegar ao coração glorioso da flor. Continua a contemplar a rosa. Repara na sua cor, textura e forma. Saboreia o seu odor e concentra-te nesse objeto maravilhoso que tens à tua frente. No início, outros pensamentos entrarão na tua mente, distraindo-te do coração da rosa. É típico de uma mente sem treino. Mas não te preocupes, porque rapidamente farás progressos. Torna simplesmente a concentrar-te no objeto que observas. Em breve, a tua mente ficará mais forte e disciplinada.

— É só isso que tenho de fazer? Parece tão simples.

— Mas é essa a grande verdade, John — retorquiu Julian. — Este ritual tem, no entanto, de ser executado todos os dias, para ser eficaz. Nos primeiros dias, vais ter dificuldade em concentrar-te durante cinco minutos de seguida. A maior parte das pessoas vive a um ritmo tão frenético que a quietude e o silêncio são coisas estranhas e desconfortáveis. A maior parte das pessoas que me escuta diz que não tem tempo para se sentar a olhar para uma flor. São essas pessoas que te dirão que não têm tempo para apreciar o riso das crianças ou para andar descalças à chuva. Essas pessoas dizem que estão demasiado ocupadas. Nem sequer têm tempo para construir amizades, porque as amizades requerem tempo.

— Conheces bem essas pessoas.

— Porque eu próprio já fui uma delas — respondeu Julian. A seguir, deteve-se e ficou muito quieto, o seu olhar intenso pousado no relógio de pé que a minha avó me oferecera a mim e à Jenny, quando nos mudámos para aquela casa. — Sempre que penso nas pessoas que vivem dessa maneira, lembro-me das palavras de um antigo escritor britânico, cuja obra o meu pai adorava ler: «Não podemos deixar que o relógio e o calendário nos ceguem para o facto de que cada instante de vida é um milagre… e um mistério.»

— Insiste e passa momentos cada vez mais longos a saborear o coração da rosa — prosseguiu Julian, na sua voz gutural. — Passada uma semana ou duas, deverás ser capaz de fazer este exercício durante vinte minutos sem que a tua mente se disperse com outros pensamentos. Será o primeiro indício de que estás a recuperar o controlo sobre a fortaleza da tua mente. A seguir, ela concentrar-se-á apenas naquilo que tu quiseres. Será um excecional criado ao teu dispor, capaz de fazer coisas extraordinárias. Lembra-te de que ou controlas a tua mente, ou ela te controla a ti.

»Em termos práticos, vais notar que te sentes mais calmo. Terás dado um passo em frente para te conseguires libertar do hábito da preocupação, que atormenta a maior parte das pessoas e terás mais energia e otimismo. Acima de tudo, sentirás também mais alegria na tua vida, juntamente com a capacidade de apreciar as muitas benesses que te rodeiam. Todos os dias, por mais ocupado que estejas e por mais desafios que tenhas de enfrentar, regressa ao Coração da Rosa. É o teu oásis. O teu retiro silencioso. A tua ilha de paz. Nunca te esqueças de que existe poder no silêncio e na quietude. A quietude é a pedra angular na ligação à fonte universal de inteligência que palpita em todos os seres vivos.

Eu estava fascinado com o que ouvia. Seria realmente possível melhorar profundamente a qualidade da minha vida através de uma estratégia tão simples?

— O segredo das mudanças drásticas que vejo em ti não pode ser só o Coração da Rosa — comentei, pensando em voz alta.

— Sim, tens razão. Aliás, a minha transformação ocorreu na sequência da aplicação de uma série de estratégias concertadas, extremamente eficazes. Não te preocupes, porque são todas tão simples como o exercício que acabei de te ensinar... e igualmente poderosas. A chave para ti, John, é abrires a tua mente para o potencial de viveres uma vida recheada de possibilidades.

Julian, um poço de sabedoria, continuou a revelar-me o que aprendera em Sivana.

— Outra técnica muito boa para libertar a mente de preocupações e de outras influências negativas e esgotantes baseia-se naquilo a que o Iogue Raman chama Pensamento Oposto. Aprendi que, por causa das grandes leis da Natureza, a mente só consegue reter um pensamento de cada vez. Experimenta, John e verás que é verdade.

Eu experimentei e, sim, é verdade.

»Usando esta pequena informação, qualquer pessoa consegue facilmente criar um padrão mental positivo e criativo, num curto espaço de tempo. O processo é muito simples: sempre que um pensamento indesejável se instalar no centro da tua mente, substitui-o de imediato por um pensamento positivo. É como se a tua mente fosse um gigantesco projetor de *slides*, em que cada pensamento da tua mente é um *slide*. Sempre que um *slide* negativo aparecer no ecrã, apressas-te a substituí-lo por um positivo.

»É aqui que entram as contas do meu colar de oração — acrescentou Julian, com um entusiasmo contagiante. — Sempre que dou por mim a ter um pensamento negativo, pego neste colar e tiro uma conta. Estas contas de preocupação são guardadas num copo que trago na mochila. Servem para me lembrar de que ainda tenho um longo caminho a percorrer na estrada do domínio mental e da responsabilidade pelos pensamentos que preenchem a minha mente.

— Essa ideia é excelente! É muito prática. Nunca tinha ouvido uma coisa dessas. Conta-me mais coisas sobre essa tal filosofia do Pensamento Oposto.

— Dou-te um exemplo tirado da vida real. Imaginemos que tens um dia difícil em tribunal. O juiz discordou da tua interpretação da Lei, o advogado adversário era um bruto e o teu cliente ficou irritado com o teu desempenho. Voltas para casa e afundas-te na tua cadeira preferida, com uma neura tremenda. O primeiro passo é teres noção de que estás a ter pensamentos poucos inspiradores. O autoconhecimento é a pedra angular do autodomínio. O segundo passo é tomares consciência de uma vez por todas que, assim como deixaste entrar esses pensamentos sombrios na tua mente, também os consegues substituir por outros mais alegres. Portanto, pensa no oposto de sombrio. Concentra-te em seres alegre e enérgico. Sente que estás feliz. Talvez até esboces um sorriso. Mexe-te como te costumas mexer quando estás alegre e cheio de entusiasmo. Senta-se direito, inspira fundo e treina o poder da tua mente com pensamentos positivos. Dentro de minutos, notarás uma diferença enorme na maneira como te sentes. Acima de tudo, se insistires na prática do Pensamento Oposto, aplicando-a a todos os pensamentos negativos que costumam visitar a tua mente, dentro de semanas verás que eles já não têm poder sobre ti. Estás a compreender?

Julian prosseguiu com a sua explicação:

— Os pensamentos são coisas fundamentais e vivas, pequenas massas de energia. A maior parte das pessoas não pensa na natureza dos seus pensamentos e, no entanto, a qualidade do teu pensamento determina a qualidade da tua vida. Os pensamentos fazem parte do mundo material, tal como a piscina em que nadas ou a rua que percorres. Mentes fracas traduzem-se em atos fracos. Uma mente forte e disciplinada, que qualquer pessoa pode cultivar através do treino diário, pode alcançar milagres. Se queres viver a vida em pleno, preocupa-te com os teus pensamentos da mesma maneira que te preocuparias com os teus bens mais preciosos. Esforça-te por eliminar toda a turbulência interior. As recompensas serão muitas.

— Nunca encarei os pensamentos como coisas vivas, Julian — respondi, espantado com aquela descoberta. — Mas percebo que eles influenciam todos os elementos do meu mundo.

— Os Sábios de Sivana acreditavam piamente que uma pessoa só deve ter pensamentos *sattvic* ou puros. Chegaram a esse estado através das técnicas que acabei de partilhar contigo, juntamente com outras práticas como uma dieta natural, a repetição de afirmações positivas ou mantras, como lhes chamavam, a leitura de livros ricos em sabedoria e certificando-se sempre de que a companhia que buscavam era esclarecida. Se um pensamento impuro entrava no templo das suas mentes, eles castigavam-se, percorrendo quilómetros até uma imponente cascata e metendo-se debaixo da água gelada até já não aguentarem aquela temperatura tão fria.

— Não disseste que os sábios eram pessoas sensatas? Meterem-se debaixo de uma cascata gelada, no meio das montanhas dos

Himalaias, por terem tido um pensamento negativo, parece-me um bocado extremista.

Julian respondeu à velocidade da luz, uma consequência da sua longa carreira de guerreiro jurídico:

— Vou ser muito direto, John. Não podes dar-te ao luxo de teres um único pensamento negativo.

— Não posso?

— Não, a sério que não. Um pensamento preocupante é como um embrião: começa por ser muito pequenino, mas depois não para de crescer. E daí a nada ganha vida própria.

Julian fez uma pausa e sorriu.

— Desculpa se pareço um bocado evangelista ao falar sobre este assunto, sobre a filosofia que aprendi na minha viagem. É que descobri instrumentos que podem melhorar as vidas de muitas pessoas, pessoas que se sentem frustradas, infelizes e sem inspiração. Uns pequenos ajustes nas suas rotinas diárias, de modo a incluírem a técnica do Coração da Rosa e uma constante aplicação do Pensamento Oposto dar-lhes-á as vidas que desejam. Acho que merecem saber isto.

»Antes de passar do jardim ao próximo elemento da fábula mística do Iogue Raman, tenho de ensinar-te mais um segredo que te ajudará muito no teu crescimento pessoal. Este segredo baseia-se no princípio antigo de que tudo é sempre criado duas vezes, primeiro na mente e depois na realidade. Já te disse que os pensamentos são coisas, mensageiros materiais que enviamos para influenciarem o nosso mundo físico. Também já te expliquei que, se queres melhorar consideravelmente o teu mundo exterior, tens de começar primeiro por dentro e mudar a qualidade dos teus pensamentos.

»Os Sábios de Sivana têm uma maneira magnífica de garantir que os seus pensamentos são puros e íntegros. Esta técnica também é muito eficaz para transformar os seus desejos, por mais simples que sejam, em realidade. O método resulta com qualquer pessoa. Resulta com um jovem advogado que procura riqueza financeira, do mesmo modo que resulta com uma mãe em busca de uma vida familiar mais gratificante ou com um vendedor que deseja vender mais. A técnica chama-se o Segredo do Lago. Para aplicá-la, estes mestres levantavam-se às quatro da manhã, a hora que, para eles, detinha qualidades mágicas que lhes podiam ser benéficas. Os sábios percorriam, então, uma série de trilhos íngremes e estreitos de montanha, que os levavam aos vales mais baixos da região onde viviam. Assim que lá chegavam, caminhavam ao longo de um carreiro quase impercetível, ladeado de magníficos pinheiros e flores exóticas, até chegarem a uma clareira. Na orla da clareira existia um lago azul cristalino, coberto de milhares de pequeninos lótus brancos. A água do lago era extraordinariamente calma e parada. Era uma visão verdadeiramente miraculosa. Os sábios disseram-me que este lago era amigo dos seus antepassados desde há milénios.

— Qual era o Segredo do Lago? — perguntei, impaciente.

Julian explicou que os sábios contemplavam as águas paradas do lago e imaginavam os seus sonhos a tornarem-se realidade. Se o seu objetivo fosse cultivar a virtude da disciplina nas suas vidas, imaginavam-se a levantar-se de madrugada, a seguirem o seu rigoroso regime físico sem falhas e a passarem dias e dias em silêncio, para sublimarem o seu poder de vontade. Se era mais alegria que buscavam, olhavam para o lago e imaginavam-se a rir incontrolavelmente ou a sorrir sempre que encontravam um dos seus irmãos ou irmãs. Se era coragem que desejavam, imaginavam-se a agir com convicção no momento de crise e desafio.

— O Iogue Raman contou-me, uma vez, que era muito inseguro em miúdo, por ser muito mais pequeno do que os outros rapazes da mesma idade. Embora fossem simpáticos e o tratassem bem, dado o ambiente em que viviam, ele tornou-se uma criança insegura e tímida. Para curar esta fraqueza, o Iogue Raman viajava até aquele lugar paradisíaco e usava o lago como um ecrã, onde visualizava as imagens do tipo de pessoa que esperava vir a ser, um dia. Umas vezes, imaginava-se como um líder forte, alto e com uma voz poderosa e imperativa. Outras vezes, via-se como gostaria de ser quando fosse mais velho: um sábio sensato, com uma tremenda força interior e carácter. Todas as virtudes que desejava ter na vida, via-as primeiro na superfície do lago.

»No espaço de meses, o Iogue Raman tornou-se a pessoa que, mentalmente, se viu desenvolver. Tens de perceber, John, que a mente funciona através de imagens. As imagens afetam a tua autoimagem e a tua autoimagem afeta a maneira como tu te sentes, ages e o que alcanças. Se a tua autoimagem te diz que és demasiado jovem para seres um advogado de sucesso ou demasiado velho para mudares os teus hábitos para melhor, nunca atingirás esses objetivos. Se a tua autoimagem te diz que uma vida cheia de objetivos, uma saúde excelente e felicidade só são para pessoas de meios diferentes do teu, esta profecia acabará por tornar-se realidade.

»Mas quando passas imagens motivadoras e imaginativas no ecrã da tua mente, começam a acontecer coisas maravilhosas na tua vida. Einstein dizia que «a imaginação é mais importante do que o conhecimento». Deves passar uns momentos todos os dias, nem que seja apenas durante uns minutos, a treinar a visão criativa. Imagina-te como desejas ser, quer seja um grande juiz, um grande pai ou um grande cidadão da tua comunidade.

— Tenho de descobrir algum lago especial para poder aplicar o Segredo do Lago? — perguntei, ingenuamente.

— Não. O Segredo do Lago foi simplesmente o nome que os sábios deram à técnica antiquíssima de utilizar imagens positivas para influenciar a mente. Se estiveres mesmo disposto a experimentá-la, podes fazê-lo na tua própria sala de estar ou inclusive no escritório. Tranca a porta, desliga o telefone e fecha os olhos. Depois, inspira fundo. Verás que, passados dois ou três minutos, já te sentes mais calmo. A seguir, visualiza imagens mentais de tudo o que queres ser, ter ou alcançar na tua vida. Se queres ser o melhor pai do mundo, imagina-te a rir e a brincar com os teus filhos, a responder às perguntas deles com o coração aberto. Imagina-te a agir delicadamente e com serenidade numa situação tensa. Ensaia mentalmente a maneira como vais gerir os teus atos, quando uma cena idêntica ocorrer na tela da realidade.

»A magia da visualização pode ser aplicada a inúmeras situações. Podes usá-la para seres mais eficaz em tribunal, para sublimar as tuas relações e para te desenvolveres espiritualmente. O uso constante deste método também te trará recompensas financeiras e uma abundância de ganhos materiais, se isso for importante para ti. Compreende, de uma vez por todas, que a tua mente tem poder magnético para atrair tudo o que desejas na tua vida. Se te falta qualquer coisa na vida, é porque te falta algo a nível dos pensamentos. Visualiza imagens maravilhosas na tua mente. Uma só imagem negativa é venenosa para o teu padrão mental. Assim que começares a desfrutar da alegria que esta antiga técnica te dá, perceberás o potencial infinito da tua mente e, assim, libertarás todo um manancial de capacidades e energia que, atualmente, se encontra adormecido dentro de ti.

Era como se Julian estivesse a falar numa língua estrangeira. Nunca ouvira ninguém falar sobre o poder magnético da mente para atrair riqueza espiritual e material. Tal como também nunca ouvira ninguém falar no poder das imagens e nos seus efeitos profundos em todas as facetas do nosso mundo. E, no entanto, bem no fundo de mim, eu tinha fé no que Julian estava a dizer. Julian era um homem de extraordinárias capacidades intelectuais. Era um homem internacionalmente respeitado pelo seu rigor jurídico. Era um homem que percorrera o caminho que eu percorria agora. Julian encontrara algo na sua odisseia pelo Oriente, disso não havia dúvida. Bastava olhar para o seu vigor físico, a sua evidente tranquilidade, a sua óbvia transformação, para ter a certeza de que a atitude sensata era dar ouvidos aos seus conselhos.

Quanto mais pensava no que estava a ouvir, mais sentido tudo fazia. De certeza que a mente tem muito mais potencial do que aquele que a maior parte das pessoas utiliza. Senão, como é que uma mãe conseguiria levantar um carro absurdamente pesado para salvar o seu bebé que caíra para debaixo do *chassis*? Como é que um perito em artes marciais poderia partir uma pilha de tijolos com um golpe certeiro? Como é que os iogues orientais conseguiriam abrandar o seu ritmo cardíaco ou suportar uma dor tremenda sem sequer estremecerem? Talvez o verdadeiro problema estivesse dentro de mim, na minha falta de crença nos dons que todos os seres humanos possuem. Talvez aquela noite, sentado ao lado de um antigo advogado milionário transformado em monge dos Himalaias, fosse uma espécie de despertar, para que eu começasse a aproveitar a minha vida ao máximo.

— Fazer estes exercícios no escritório, Julian? — retorqui. — Se os meus colegas já me acham esquisito, imagina o que vão pensar depois!

— O Iogue Raman e todos os sábios bondosos com quem vivi costumavam utilizar um ditado, que lhes foi transmitido de geração em geração. Tenho agora o privilégio de o partilhar contigo, nesta noite tão importante para ambos. O ditado é o seguinte: «Não há nada de nobre em ser superior a outra pessoa. A verdadeira nobreza consiste em ser superior à tua anterior personalidade.» O que eu estou a dizer é que, se queres melhorar a tua vida e viver com tudo aquilo que mereces, tens de *gerir a tua vida por ti próprio*. Não importa o que os outros vão pensar de ti. O que importa é o que pensas de ti mesmo. Não te preocupes com a opinião dos outros, desde que saibas que estás a tomar a atitude certa. Faz o que quiseres, desde que esteja de acordo com a tua consciência e com o teu coração. Nunca tenhas vergonha de fazer a coisa certa; decide o que é bom para ti e assume-o. E, pelo amor de Deus, nunca adquiras o hábito tacanho de medires o teu valor pelos padrões das outras pessoas. Como pregava o Iogue Raman: «Todos os segundos que gastas a pensar nos sonhos de outra pessoa qualquer, estás a desperdiçar tempo precioso para concretizares os teus próprios sonhos.»

Passavam sete minutos da meia-noite. Estranhamente, eu não me sentia minimamente cansado. Quando disse isto a Julian, ele tornou a sorrir.

— Aprendeste outro princípio para uma vida esclarecida. A maior parte das vezes, o cansaço é uma invenção da mente. O cansaço domina as vidas de todos aqueles que vivem sem rumo e sem sonhos. Deixa-me dar-te um exemplo. Já alguma vez passaste uma tarde no escritório a ler os teus processos áridos e sentiste a tua mente divagar e foste invadido por uma terrível sonolência?

— De vez em quando, sim — respondi, sem querer admitir que aquilo me acontecia a toda a hora. — Acho que toda a gente se sente sonolenta no trabalho, com bastante frequência.

— Sim, mas se um amigo te telefona a perguntar se queres ir a um jogo de futebol, nessa noite, ou se te pede conselhos sobre golfe, tenho a certeza de que acordas logo. Todos os sinais de cansaço desaparecem imediatamente. Certo?

— Certíssimo, senhor advogado.

Julian percebeu que estava a ganhar pontos.

— Portanto, o teu cansaço não passa de uma invenção mental, um péssimo hábito que a tua mente cultivou para servir de muleta, sempre que estás a fazer uma coisa entediante. Hoje, estás nitidamente fascinado com a minha história e desejoso de aprender a sabedoria que me foi revelada. O teu interesse e concentração mental dão-te energia. Esta noite, a tua mente não esteve agarrada ao passado nem ao futuro. Tem estado concentrada no presente, na nossa conversa. Quando dizes à tua mente para viver no presente, tens sempre uma quantidade inesgotável de energia, independentemente da hora que o relógio marcar.

Fiz um sinal de assentimento com a cabeça. A sabedoria de Julian parecia tão óbvia e, no entanto, nunca me tinha passado pela mente. Pelos vistos, o senso comum nem sempre é tão comum como se julga. Lembrei-me do que o meu pai costumava dizer-me, quando eu era miúdo: «Só quem procura encontrará.» Quem me dera que ele ali estivesse comigo…

Sumário do Capítulo 7
A sabedoria de Julian em Poucas Palavras

O símbolo

A virtude

Domina a tua mente

A sabedoria

- Cultiva a tua mente — ela ultrapassará todas as tuas expectativas
- A qualidade da tua vida é determinada pela qualidade dos teus pensamentos
- Não existem erros — apenas lições. Encara os obstáculos como oportunidades para o teu desenvolvimento pessoal e crescimento espiritual

As técnicas

- O Coração da Rosa
- O Pensamento Oposto
- O Segredo do Lago

Citação

O segredo da felicidade é simples: descobre o que gostas realmente de fazer e, depois, canaliza todas as tuas energias nesse sentido. Assim que o fizeres, terás uma vida rica e todos os teus desejos se concretizarão fácil e graciosamente.

O Monge Que Vendeu o Seu Ferrari

8

Acende a tua chama interior

Confia em ti mesmo. Cria o tipo de vida que te fará feliz para o resto dos teus dias. Aproveita as tuas capacidades ao máximo, transformando as pequeninas centelhas de possibilidade que tens dentro de ti em chamas de conquista.

Foster C. McClellan

— O dia em que o Iogue Raman me contou a sua fábula mística, no cume dos Himalaias, foi, em muitos aspectos, bastante semelhante a esta noite — disse Julian.

— A sério?

— O nosso encontro começou ao fim da tarde e prolongou-se pela noite dentro. Havia tanta química entre nós que o ar parecia carregado de eletricidade. Como te disse antes, desde o primeiro instante em que vi Raman, senti que ele era o irmão que nunca tive. Hoje, aqui sentado contigo, a apreciar o teu ar intrigado, sinto a mesma energia e o mesmo laço entre nós. Tenho de dizer-te também que sempre te considerei como um irmão, desde que nos tornámos amigos. Para ser sincero, eu revia-me em ti.

— Tu eras um advogado brilhante, Julian. Nunca esquecerei a tua maneira de atuar.

Foi notório que ele não tinha qualquer interesse em explorar o museu do seu passado.

— John, gostaria de continuar a partilhar contigo os elementos da fábula do Iogue Raman mas, antes de o fazer, tenho de confirmar uma coisa. Já aprendeste uma série de estratégias profundamente eficazes para que haja uma mudança pessoal, que te farão um bem enorme, se as aplicares com convicção e persistência. Esta noite, vou abrir o meu coração perante ti e revelar-te tudo o que sei, como é meu dever fazer. Só quero ter a certeza de que compreendes plenamente o quão importante é que tu, por tua vez, transmitas esta sabedoria a todas as pessoas que precisam de orientação. Vivemos num mundo muito tumultuoso, invadido pela negatividade. Existem muitas pessoas na nossa sociedade que andam à deriva como navios sem rumo, almas cansadas em busca de um farol que as impeça de encalharem em costas rochosas. Tens de agir como uma espécie de comandante. Confio em ti para que transmitas a mensagem dos Sábios de Sivana a todos aqueles que dela precisem.

Após uma breve reflexão, prometi convictamente a Julian que aceitava este pacto. Ele prosseguiu, então, apaixonadamente.

— A grande recompensa deste exercício é que, enquanto te esforças por melhorar a vida dos outros, a tua própria vida será sublimada ao extremo. Esta verdade baseia-se num antigo paradigma que servia de suporte a uma vida extraordinária.

— Sou todo ouvidos.

— Basicamente, os sábios dos Himalaias guiavam as suas vidas de acordo com uma regra muito simples: quem melhor servir, mais frutos colherá, emocional, física, mental e espiritualmente. É este o caminho para se alcançar a paz interior e a realização exterior.

Li, algures, que as pessoas que estudam os outros são sábias, mas as que se estudam a si próprias são iluminadas. E agora, talvez pela primeira vez, eu estava a ver um homem que verdadeiramente se conhecia a si próprio, porventura ao seu ser superior. Nas suas roupas austeras, com o meio sorriso de um jovem Buda a adornar o seu rosto macio, Julian Mantle parecia ter tudo: saúde perfeita, felicidade e uma noção nítida do seu papel no caleidoscópio do universo. E, no entanto, nada possuía.

— E, assim, passamos ao farol — disse Julian, sem se distrair da sua missão.

— Estava precisamente a pensar como é que encaixava o Iogue Raman na fábula.

— Vou tentar explicar-te — respondeu ele, parecendo mais um professor de escola do que um advogado transformado em monge que renunciara ao mundo sensual. — Já sabes, agora, que a mente é como um jardim fértil e que, para florescer, tens de alimentá-lo todos os dias. Nunca deixes as sementes do pensamento e ação impuros invadir o jardim da tua mente. Fica de vigia aos portões da tua mente. Mantém-na forte e saudável; ela fará milagres na tua vida, se tu deixares.

»Lembras-te, com certeza, de que no meio do jardim havia um imponente farol. Este símbolo recordar-te-á outro princípio antigo para uma vida esclarecida: *o objetivo da vida é uma vida com objetivos*. As pessoas verdadeiramente esclarecidas sabem o que querem da vida, emocional, material, física e espiritualmente. Prioridades e objetivos claramente definidos para todos os aspectos da tua vida desempenharão um papel semelhante ao do farol, dando-te orientação e um porto de abrigo quando o mar está revolto. Como vês, John, qualquer pessoa pode revolucionar a sua vida, bastando para isso revolucionar a direção em que está a deslocar-se. Mas se nem sequer sabes para onde te diriges, como é que podes saber que já lá chegaste?

Julian evocou o momento em que o Iogue Raman examinara atentamente este princípio com ele. Lembrou as palavras exatas do sábio: «A vida é engraçada», disse o Iogue Raman. «As pessoas pensam que, quanto menos trabalharem, mais hipóteses têm de aproveitar a felicidade. Mas a verdadeira fonte da felicidade reside numa só palavra: *realização*. A felicidade duradoura advém de trabalharmos com persistência para nos sentirmos realizados e avançarmos com segurança no sentido da missão da nossa vida. É este o segredo para acender a chama que temos dentro de nós. Sei que pode parecer extremamente irónico uma pessoa percorrer milhares de quilómetros para se afastar de uma sociedade baseada nos conceitos de realização e conquista, e ir falar com um bando de sábios místicos no cimo dos Himalaias, que acabam por lhe dizer que o verdadeiro segredo da felicidade reside na realização e conquista, mas é verdade.»

— Monges obcecados pelo trabalho? — sugeri, em tom de brincadeira.

— Não, nada disso. Embora os monges fossem pessoas tremendamente produtivas, a sua produtividade não era frenética. Pelo contrário, era muito serena, concentrada e zen.

— Como?

— Tudo o que eles faziam tinha um objetivo. Embora vivessem longe do mundo moderno, numa comunidade profundamente espiritual, ao mesmo tempo eram extremamente eficientes. Alguns passavam o tempo a limar as arestas a tratados filosóficos, outros criavam poemas fabulosos, com texturas riquíssimas, que desafiavam o seu intelecto e renovavam a sua criatividade. Outros, ainda, passavam os dias em contemplação silenciosa, parecendo estátuas iluminadas, sentados na antiga posição de lótus. Os Sábios de Sivana não perdiam tempo. A sua consciência coletiva dizia-lhes que as suas vidas tinham um objetivo e, eles, uma missão a cumprir.

»Foi isso que o Iogue Raman me disse: «Aqui em Sivana, onde o tempo parece ter parado, poderás perguntar-te o que é que um grupo de monges modestos e sem posses poderia querer ou esperar alcançar. Mas a realização pessoal não tem de ser de natureza materialista. Os meus objetivos são atingir a paz de espírito, o autodomínio e o esclarecimento. Se não conseguir alcançar estes objetivos até ao final da minha vida, tenho a certeza de que morrerei frustrado e insatisfeito.»

Julian contou-me que fora a primeira vez que ouvira um dos mestres de Sivana falar sobre a sua própria mortalidade.

— E o Iogue Raman apercebeu-se disso pela minha cara. Disse: «Não te preocupes, meu amigo, pois já passei dos cem anos e não tenciono partir tão cedo. O que eu quero dizer é simplesmente que, quando souberes exatamente quais são os objetivos que queres alcançar na vida, sejam materiais, emocionais, físicos ou espirituais, e ocupares os teus dias a tentar conquistá-los, serás recompensado com a alegria eterna. A tua vida será tão prazenteira como a minha e viverás uma realidade esplêndida. Mas tens de descobrir qual é a tua missão na vida e, depois, concretizar essa visão na realidade, através de ação persistente e constante. Nós, sábios, chamamos a isto *Dharma*, a palavra em sânscrito para *objetivo de vida*.»

— A realização pessoal advém da concretização do meu Dharma? — perguntei.

— Com certeza. Do Dharma nasce a harmonia interior e a satisfação duradoura. O Dharma baseia-se no princípio antigo que diz que todos nós temos uma missão heroica aqui na Terra. A todos nós foi concedido um conjunto único de dons e talentos, que nos permitirão concretizar esta missão de vida. O segredo é descobri-los e, ao fazê-lo, descobrir o objetivo principal da nossa vida.

Interrompi Julian:

— É mais ou menos aquilo que disseste há pouco sobre correr riscos.

— Talvez sim, ou talvez não.

— Não percebo.

— Sim, pode parecer que és obrigado a correr alguns riscos, para descobrires os teus dotes e a essência do objetivo da tua vida. Muitas pessoas decidem largar o emprego que impediu o seu desenvolvimento, no instante em que descobrem o verdadeiro objetivo da sua existência. A autoexaminação e a busca espiritual revestem-se sempre de aparente perigo. Mas não, porque não existe risco nenhum em uma pessoa descobrir-se a si própria e à missão da sua vida. O autoconhecimento é o ADN do autoesclarecimento. É uma coisa muito boa e, inclusivamente essencial.

— Qual é o teu Dharma, Julian? — perguntei em tom casual, tentando disfarçar a minha inflamada curiosidade.

— O meu é simples: servir os outros altruisticamente. Lembra-te de que encontrarás verdadeira alegria em dormir, relaxar ou passar o tempo sem fazer nada. Como disse Benjamin Disraeli: «O segredo do sucesso reside em ter um objetivo constante.» A felicidade que procuras advém da reflexão sobre os objetivos válidos e dignos que estás empenhado em alcançar e, depois, na concretização desses mesmos objetivos. Trata-se de uma aplicação direta da filosofia intemporal, que diz que as coisas mais importantes nunca devem ser sacrificadas àquelas menos importantes. O farol da fábula do Iogue Raman lembrar-te-á sempre da importância de definires objetivos concretos e válidos e, acima de tudo, de teres a força de vontade para os concretizares.

Ao longo das horas que se seguiram, Julian ensinou-me que todas as pessoas extremamente desenvolvidas e realizadas compreendem a importância de explorarem os seus dons, descobrirem o seu objetivo pessoal e depois aplicarem as suas capacidades humanas no sentido da sua vocação. Algumas pessoas servem altruisticamente a humanidade como médicos, outras como artistas. Algumas pessoas descobrem que são poderosos comunicadores e tornam-se professores magníficos, enquanto outras apercebem-se de que o seu legado se traduzirá sob a forma de inovações no campo dos negócios ou da ciência. O segredo é ter a disciplina e visão necessárias para perceber qual é a nossa missão heroica e para assegurar de que serve os outros de uma maneira proveitosa.

— Isso é uma forma de estabelecer objetivos?

— Estabelecer objetivos é apenas o começo. Determinar os teus objetivos e propósitos liberta a criatividade que te coloca no caminho certo para os alcançares. Por estranho que pareça, o Iogue Raman e os outros sábios insistiam muito na questão dos objetivos.

— Só podes estar a gozar. Monges altamente eficientes, instalados no meio das montanhas dos Himalaias, a meditarem toda a noite e a estabelecerem objetivos todo o dia. Que história!

— John, deves avaliar sempre as coisas pelos seus resultados. Olha para mim. Às vezes, nem eu me reconheço a mim próprio, quando me vejo ao espelho. A minha vida, outrora frustrada, foi substituída por uma existência rica em aventuras, mistério e excitação. Voltei a ser jovem e a ter uma saúde excelente. Sou verdadeiramente feliz. A sabedoria que partilho contigo *é* tão poderosa, *tão* importante e *tão* vital que tens de a receber de mente aberta.

— Mas eu tenho a mente aberta, Julian, a sério que tenho. Tudo o que disseste até aqui tem todo o sentido, embora algumas técnicas pareçam um bocado estranhas. Mas prometi experimentá-las e vou fazê-lo. Concordo que esta informação tem imenso poder.

— Se consegui ver mais longe do que as outras pessoas, foi simplesmente por ter sido ensinado por grandes professores. — explicou

Julian, com humildade. — Dou-te mais um exemplo. O Iogue Raman era perito em tiro ao arco, um verdadeiro mestre. Para ilustrar a sua filosofia sobre a importância de se estabelecer objetivos claramente definidos em todos os aspectos da vida e de os concretizar, ele fez uma demonstração que jamais esquecerei.

»Perto do local onde estávamos sentados, havia um magnífico carvalho. O sábio tirou uma das rosas do colar de flores que costumava usar e colocou-a no centro do tronco. Depois, tirou três objetos de dentro de uma grande mochila com que andava sempre que partia em aventureiras caminhadas pelas montanhas, como aquela em que nos tínhamos encontrado. O primeiro objeto era o seu arco preferido, feito de uma maravilhosa e fragrante madeira de sândalo robusta. O segundo item era uma seta. O terceiro, um lenço branco como um lírio, daquele tipo que eu costumava usar no bolso de casacos caros, para impressionar os juízes e os jurados — acrescentou Julian, como quem se desculpa.

O Iogue Raman pediu, então, a Julian para lhe tapar os olhos com o lenço, como se fosse uma venda.

«A que distância estou da rosa?», perguntou o Iogue Raman ao seu pupilo. «A uns três metros», calculou Julian. «Já alguma vez me observaste, quando estou a fazer o meu treino diário neste antigo desporto de tiro ao arco?», inquiriu o sábio, sabendo perfeitamente qual era a resposta. «Já te vi acertar em cheio num alvo a quase dez metros e não me lembro de alguma vez teres falhado a esta distância», comentou Julian, como era esperado.

A seguir, com os olhos tapados com o lenço e os pés firmemente assentes na terra, o professor esticou o arco com toda a sua energia e soltou a seta, apontando diretamente para a rosa pendurada na árvore. A seta atingiu o enorme carvalho com um ruído surdo, falhando o alvo por uma distância embaraçosamente grande.

«Pensava que ias demonstrar-me mais uma das tuas capacidades mágicas, Iogue Raman. O que é que aconteceu?», perguntou Julian.

«Viemos até este lugar isolado por um simples motivo», esclareceu o iogue. «Prometi revelar-te toda a minha sabedoria terrena.

A demonstração de hoje destina-se a reforçar o meu conselho sobre a importância de estabelecer objetivos claramente definidos para a tua vida e de saber precisamente para onde vais. O que acabas de ver confirma o princípio mais importante para qualquer pessoa que pretenda alcançar os seus objetivos e concretizar a sua missão na vida: *nunca serás capaz de atingir um alvo que não consigas ver*. As pessoas passam as suas vidas inteiras a sonharem ser mais felizes, viverem com mais vigor e terem uma infinidade de paixão. E, no entanto, não veem a importância de gastar nem que seja dez minutos por mês a escreverem os seus objetivos e a pensarem profundamente sobre o significado das suas vidas, o seu Dharma. A definição de objetivos tornará a tua vida magnificente. O teu mundo tornar-se-á mais rico, mais agradável e mais mágico.»

«Os nossos antepassados ensinaram-nos, Julian», continuou o Iogue Raman, «que estabelecer objetivos claramente definidos para aquilo que desejamos no nosso mundo mental, físico e espiritual é fundamental para a sua concretização. No mundo de onde vens, as pessoas definem objetivos financeiros e materiais. Isto não tem nada de mal, se for aquilo que elas valorizam. Contudo, para alcançar o autodomínio e o esclarecimento interior, tens de determinar objetivos concretos também para outras áreas. Ficas surpreendido se te disser que tenho objetivos claramente definidos em relação à paz de espírito que desejo, à energia que invisto em cada dia e ao amor que ofereço a quem me rodeia? A determinação de objetivos não cabe apenas a advogados de renome como tu, que vivem num mundo cheio de atrações materiais. Qualquer pessoa que deseje melhorar a qualidade do seu mundo interior e exterior deveria pegar numa folha de papel e começar a escrever os seus objetivos de vida. No preciso instante em que isso acontece, entram em campo forças naturais que começam a transformar esses objetivos em realidade.»

O que eu estava a ouvir da boca de Julian fascinava-me. Quando era jogador de futebol, no liceu, o meu treinador falava constantemente sobre a importância de sabermos o que queríamos de cada jogo. «Conheçam o vosso resultado» era o seu lema pessoal e a nossa equipa nem sonhava pisar o relvado sem ter uma tática definida, que nos conduziria à vitória. Perguntei-me por que é que, depois de crescer, nunca me dera ao trabalho de definir uma tática para a minha própria vida. Talvez Julian e o Iogue Raman tivessem razão.

— O que há de tão especial em pegar numa folha de papel e escrever os nossos objetivos? Como é que um gesto tão simples pode ter tanto impacte na vida? — perguntei.

Julian ficou deleitado.

— O teu interesse óbvio por estas questões inspira-me, John. O entusiasmo é um dos ingredientes-chave para uma vida inteira de sucesso e fico feliz por ver que ainda tens a tua quota parte de vigor. Há pouco, ensinei-te que temos cerca de sessenta mil pensamentos por dia. Ao escreveres os teus desejos e objetivos numa folha de papel, envias um sinal à tua mente subconsciente de que esses pensamentos são muito mais importantes do que os restantes 59 999. A tua mente começa, então, a procurar todas as oportunidades para cumprir o teu destino, como uma espécie de míssil telecomandado. É um processo verdadeiramente científico. A maior parte das pessoas é que, pura e simplesmente, não tem noção disso.

— Alguns dos meus colegas são excelentes a definir objetivos. Aliás, pensando bem, são as pessoas com mais sucesso financeiro que conheço. Mas não me parecem as mais equilibradas — comentei.

— Talvez não estejam a definir os objetivos certos. A vida, John, acaba por nos dar mais ou menos aquilo que lhe pedimos. A maior parte das pessoas quer sentir-se melhor, ter mais energia ou viver com mais satisfação. Mas, quando lhes perguntas exatamente o que querem, elas não te sabem responder. Mudas a tua vida no instante em que determinas os teus objetivos e começas a procurar o teu Dharma — explicou Julian, os seus olhos cintilando com a verdade contida naquelas palavras.

»Já alguma vez conheceste uma pessoa com um nome estranho e, de repente, começaste a reparar que esse nome aparecia em toda a parte: nos jornais, na televisão, no escritório? — prosseguiu o meu amigo. — Ou já alguma vez te interessaste por um assunto novo, por exemplo, pesca com mosca e depois reparaste que a cada passo ouvias falar nas maravilhas desse tipo de pesca em particular? Este é apenas um pequeno exemplo do princípio intemporal a que o Iogue Raman chamava *joriki*, que desde então aprendi que significa «mente concentrada». Concentra cada pedaço da tua energia mental na autodescoberta. Descobre aquilo em que és melhor e o que te faz feliz. Talvez estejas a exercer advocacia, mas devesses realmente ser professor de liceu, dada a tua paciência e paixão pelo ensino. Talvez sejas um pintor ou escultor frustrado. O que quer que seja, descobre a tua paixão e depois segue-a.

— Pensando bem, seria triste chegar ao fim da minha vida sem perceber que tenho um talento qualquer de génio, sem ser capaz de libertar o meu potencial e ajudar os outros... nem que seja a uma pequena escala.

— Exatamente. Portanto, a partir de agora, começa a prestar muita atenção ao teu objetivo de vida. Desperta a tua mente para o manancial de possibilidades que te rodeia. Começa a viver com mais empenho. A mente humana é um dos maiores instrumentos de triagem do mundo. Quando utilizada corretamente, filtra tudo o que consideras irrelevante e dá-te apenas a informação que procuras em determinado momento. Neste preciso instante, enquanto aqui estamos sentados na tua sala, existem centenas, se não mesmo milhares de coisas, a acontecer à nossa volta e das quais não estamos cientes. Existe o som de amantes a rir enquanto caminham pela rua, o barulho do peixinho dourado a nadar dentro do tanque atrás de ti, o ar fresco soprado pelo ar condicionado e inclusive o bater do meu próprio coração. Assim que decido concentrar-me no bater do meu coração, começo a reparar no seu ritmo e características. O mesmo acontece quando decidires concentrar a tua mente nos objetivos principais da tua vida: a tua mente começará a filtrar o que é irrelevante e a concentrar-se apenas no que importa.

— Para te ser sincero, acho que está na hora de eu descobrir o meu objetivo de vida — disse eu. — Não me interpretes mal, a minha vida tem muitas coisas boas, mas não é tão gratificante como poderia ser. Se eu morresse hoje, não seria capaz de dizer ao certo se deixei a minha marca.

— E como te sentes em relação a isso?

— Deprimido — respondi com toda a honestidade. — Sei que tenho talento. Aliás, eu era um ótimo artista, quando era mais novo. Só que, depois, a carreira jurídica acenou-me com a promessa de uma vida mais estável.

— Alguma vez pensaste que devias ter seguido a carreira de pintor?

— Nunca pensei muito no assunto. Mas uma coisa te digo: quando pintava, sentia-me no paraíso.

— Empolgava-te, não era?

— Sem dúvida. Perdia a noção do tempo sempre que me metia no ateliê a pintar. Perdia-me na tela. Era uma verdadeira libertação. Era quase como se transcendesse o tempo e me deslocasse para outra dimensão.

— John, é esse o poder que tens, quando concentras a tua mente numa coisa de que gostas. Goethe escreveu que «somos formados e moldados por aquilo que amamos». Talvez o teu Dharma seja iluminar o mundo com belos quadros. Começa, pelo menos, a pintar um pouco todos os dias.

— Que tal aplicar esta filosofia a coisas menos esotéricas do que mudar a minha vida? — perguntei, com um sorriso.

— Isto promete — ripostou Julian. — Tais como?

— Imaginemos que um dos meus objetivos, embora menor, fosse perder o «pneu» que tenho na cintura. Por onde é que começava?

— Não precisas de ficar embaraçado. Dominamos a arte de estabelecer objetivos, e de alcançar objetivos, começando pelas coisas pequenas.

— A viagem de mil quilómetros começa por um só passo? — perguntei intuitivamente.

— Precisamente. E aprender a conquistar pequenos feitos prepara-te para realizares os grandes. Portanto, para responder sem rodeios à tua pergunta, não há nada de errado em definir uma ampla gama de objetivos menores, enquanto planeias os teus objetivos maiores.

Julian contou-me que os Sábios de Sivana criaram um método de cinco passos para alcançarem os seus objetivos e preencherem as suas vidas. Era simples, prático e funcionava. O primeiro passo era formar uma imagem mental do resultado. Se o objetivo era perder peso, Julian disse-me que todas as manhãs, assim que eu acordasse, devia imaginar-me como uma pessoa esguia, forte, cheia de vigor e energia infinita. Quanto mais clara fosse essa imagem mental, mais eficaz seria o processo. Disse que a mente era a suprema casa-forte do poder e que este simples ato de «imaginar» o meu objetivo abriria os portões para a realização deste desejo. O segundo passo era exercer pressão positiva sobre mim mesmo.

— A principal razão pela qual as pessoas não cumprem as resoluções que tomam é porque se torna mais fácil agarrarem-se aos seus velhos hábitos. A pressão nem sempre é uma coisa negativa. A pressão pode incentivar-te a alcançar grandes objetivos. As pessoas costumam conquistar coisas magníficas quando estão entre a espada e a parede e são obrigadas a recorrer à fonte de potencial humano que reside dentro delas.

— Como é que posso criar essa tal «pressão positiva» em mim? — perguntei, pensando nas possibilidades infinitas de aplicar este método a tudo e mais alguma coisa, desde acordar mais cedo, a ser um pai mais paciente e carinhoso.

— Existem inúmeras maneiras de fazer isso. Uma das melhores é a pressão dos outros. Diz a toda a gente que conheces que vais perder peso ou escrever um romance ou seja o que for. Assim que anuncias o teu objetivo ao mundo, sentes automaticamente a pressão de teres de o alcançar, uma vez que ninguém gosta de fazer figura de fracassado. Em Sivana, os meus professores usavam maneiras mais dramáticas para criar esse tipo de pressão positiva de que te falei. Diziam uns aos outros que, se não cumprissem os seus objetivos, como jejuar durante uma semana ou levantar-se todos os dias às quatro da manhã para meditar, iriam até à cascata gelada e ficariam debaixo de água até sentirem as pernas e os braços dormentes. Este é um exemplo extremo do poder exercido pela pressão, no sentido de construirmos bons hábitos e atingirmos objetivos.

— «Extremo» é um eufemismo, Julian. Que ritual bizarro!

— Mas extremamente eficaz. A questão é simplesmente que, quando treinas a tua mente para associar o prazer aos bons hábitos e o castigo aos maus, as tuas fraquezas desmoronam rapidamente.

— Disseste que eu tinha de seguir cinco passos para realizar os meus desejos — lembrei-lhe eu, impaciente. — Quais são os outros três?

— Sim, John. O primeiro passo é ter uma visão clara do resultado que pretendes. O segundo passo é criar pressão positiva para te manteres motivado. O terceiro passo é muito simples: nunca definas um objetivo sem um prazo. Para que um objetivo tenha vitalidade, precisas de lhe dar um prazo. É o que acontece quando estás a preparar processos para ir a tribunal; concentras-te sempre nos processos que o juiz marcou para amanhã e não naqueles que ainda nem sequer têm data de audiência.

»Ah, já agora — explicou Julian —, lembra-te de que um objetivo que não é posto por escrito não é sequer um objetivo. Compra um diário, qualquer caderno barato de espiral serve. Chama-lhe o Livro dos Sonhos e preenche-o com todos os teus desejos, objetivos e sonhos. Conhece-te a ti mesmo e a tudo o que te define.

— Eu não me conheço a mim mesmo?

— A maior parte das pessoas não conhece. Nunca se deram ao trabalho de conhecer os seus pontos fortes, as suas fraquezas, as suas esperanças, os seus sonhos. Os Chineses definem a imagem da seguinte maneira: existem três espelhos que formam o reflexo de uma pessoa. O primeiro é como tu te vês a ti próprio, o segundo é como os outros te veem e o terceiro espelho reflete a verdade. Conhece-te a ti mesmo, John. Conhece a verdade.

»Divide o teu Livro de Sonhos em várias secções para os objetivos que pretendes alcançar nas diferentes áreas da tua vida. Por exemplo, podes ter uma secção para os teus objetivos de saúde, outra para os objetivos financeiros, outra para os teus objetivos pessoais, objetivos a nível de relacionamentos amorosos e sociais e, acima de tudo, uma secção para os teus objetivos espirituais.

— Parece divertido! Nunca tinha pensado em fazer uma coisa tão criativa como essa. Devia realmente começar a desafiar-me a mim mesmo mais vezes.

— Concordo. Outra técnica particularmente eficaz que aprendi é preencher o Livro dos Sonhos com imagens das coisas que desejamos e imagens de pessoas que cultivaram as capacidades, talentos e dons que queremos alcançar. Voltando a ti e ao teu «pneu», se queres emagrecer e ficar em excelente forma, cola uma fotografia de um corredor de maratona ou de um atleta de elite no teu Livro dos Sonhos. Se queres ser o melhor marido do mundo, por que é que não recortas a imagem de uma pessoa que o represente — o teu pai, por exemplo — e a pões na secção dos relacionamentos? Se sonhas com uma mansão à beira-mar ou com um descapotável, arranja uma fotografia inspiradora dessas coisas e coloca-as no teu Livro de Sonhos. Depois, revê o teu caderno todos os dias, nem que seja só por uns minutos. Faz dele um amigo. Os resultados vão deixar-te surpreendido.

— Mas que revolução, Julian! Embora estas ideias existam há séculos, todas as pessoas que conheço podiam melhorar a qualidade das suas vidas diárias aplicando simplesmente algumas delas. A minha mulher ia adorar ter um Livro dos Sonhos. Provavelmente enchia-o com fotografias minhas sem a minha grande barriga.

— Não é assim tão grande — comentou Julian, para me consolar.

— Ah não? Então, por que é que a Jenny me chama Sr. Donut? — contrapus com um sorriso de orelha a orelha.

Julian desatou-se a rir e eu fiz coro com ele. Daí a pouco, estávamos os dois a rebolar-nos de riso.

— Se não acharmos graça a nós próprios, quem é que nos fará rir? — disse eu, por entre gargalhadas.

— É bem verdade, meu amigo. Quando eu estava acorrentado ao meu anterior estilo de vida, um dos meus maiores problemas era encarar a vida demasiado a sério. Agora, sou muito mais brincalhão e infantil. Aprecio todas as benesses da vida, por mais pequenas que sejam.

»Mas estou a divagar — acrescentou. — Tenho tantas coisas para te contar e estão todas a sair em catadupa. Voltemos ao método de cinco passos para atingires e realizares os teus objetivos. Depois de teres formado uma imagem mental clara do teu resultado, criado uma certa pressão, marcado um prazo e anotado tudo no papel, o passo seguinte é aplicar aquilo a que o Iogue Raman chama a Regra Mágica do 21. Os homens e mulheres sábios deste mundo acreditam que, para que o novo comportamento se cristalize num hábito, temos de realizar essa nova atividade durante vinte e um dias consecutivos.

— Porquê vinte e um dias?

— Os sábios eram mestres absolutos na criação de hábitos novos e mais gratificantes para gerirem as suas vidas. O Iogue Raman disse-me, um dia, que, depois de adquirido, nunca se pode apagar um mau hábito.

— Mas passaste a noite toda a incentivar-me a mudar a maneira como vivo. Como é que posso fazê-lo, se é impossível eliminar os maus hábitos?

— Eu disse que nunca podemos apagar um mau hábito. Não disse que os hábitos negativos não podem ser substituídos — corrigiu Julian com precisão.

— Ai, Julian, sempre foste o Rei da Semântica. Mas acho que entendo o que queres dizer.

— A única maneira de instaurar um novo hábito, a título permanente, é canalizando suficiente energia de maneira a que o velho hábito desapareça como um convidado indesejado. A instauração fica geralmente completa ao fim de vinte e um dias, o tempo que demora a criar um novo caminho neural.

— Imaginemos que eu queria começar a treinar a técnica do Coração da Rosa, para apagar o hábito da preocupação e viver a um ritmo mais sereno. Tenho de praticar todos os dias à mesma hora?

— Boa pergunta. A primeira coisa que precisas de saber é que nunca *tens* de fazer seja o que for. Tudo o que estou a partilhar contigo hoje, faço-o como amigo genuinamente interessado no teu crescimento e desenvolvimento. Todas as estratégias, instrumentos e técnicas foram testadas ao longo dos tempos, para obterem eficácia e resultados concretos. Posso garantir-te isto. E embora o meu coração me diga que eu devia implorar para tu experimentares todos os métodos dos sábios, a minha consciência diz-me para simplesmente cumprir o meu dever e partilhar a minha sabedoria contigo, deixando-te a ti executá-la. A questão é: nunca faças nada por obrigação. Faz apenas porque queres e porque sabes que é a coisa certa para ti.

— Parece-me sensato, Julian. Não te preocupes, não sinto de modo algum que estejas a tentar impingir-me esta informação à força. Seja como for, a única coisa que me podias impingir, hoje em dia, era uma caixa de donuts e não era preciso insistir muito — retorqui.

Julian sorriu, divertido.

— Obrigado, amigo. Agora, para responder à tua pergunta, a minha sugestão é que experimentes o método do Coração da Rosa à mesma hora, todos os dias e no mesmo lugar. Qualquer ritual tem um poder tremendo. As estrelas do desporto que antes de entrarem em campo comem a mesma refeição ou atam os sapatos sempre de uma certa maneira, estão a recorrer ao poder do ritual. Os membros de uma igreja que executam os mesmos ritos, que usam as mesmas vestes, estão a servir-se do poder do ritual. Até as pessoas de negócios que fazem o mesmo caminho para o trabalho ou que apresentam o mesmo discurso antes de uma reunião importante estão a aplicar o poder do ritual. Sabes que, quando inseres uma atividade na tua rotina, fazendo-a sempre da mesma maneira e à mesma hora, todos os dias, rapidamente ela se transforma num hábito.

»Por exemplo, a maior parte das pessoas faz a mesma coisa assim que acorda, sem sequer pensar no que está a fazer. Abre os olhos, sai da cama, vai à casa de banho e põe-se a lavar os dentes. Portanto, ao cumprires o teu objetivo durante um período de vinte e um dias e ao realizares a atividade nova à mesma hora em cada um desses dias, isso fará com que ela se torne parte da tua rotina. Em breve, estarás a executar um novo hábito, quer seja meditação, levantares-te mais cedo ou leres durante uma hora todos os dias, com o mesmo à-vontade com que lavas os dentes.

— E o último passo para atingir os objetivos e avançar na minha missão de vida?

— O último passo do método dos sábios também se aplica a essa marcha pela missão da tua vida.

— A minha chávena continua vazia — disse eu, sem querer faltar ao respeito a Julian.

— Aprecia a viagem. Os Sábios de Sivana costumavam falar muito nesta filosofia. Acreditavam piamente que viver um dia sem riso ou sem amor era um dia sem vida.

— Não sei se estou a perceber...

— É fundamental divertires-te, enquanto percorres o caminho em direção aos teus objetivos. Nunca te esqueças do quão importante é viver com um entusiasmo desenfreado. Nunca deixes de ver a beleza extraordinária de todos os seres vivos. O dia de hoje, este preciso instante que tu e eu estamos a partilhar, é um dom. Mantém-te alegre, curioso e com garra. Mantém-te concentrado na obra da tua vida e ajuda o próximo. O Universo encarregar-se-á de tudo o resto. Esta é uma das leis mais verdadeiras da natureza.

— E nunca devo arrepender-me do que aconteceu no passado?

— Exatamente. Não existe caos neste universo. Há uma razão para tudo o que te aconteceu e para tudo o que há de acontecer. Lembra-te do que te disse, John. Todas as experiências constituem lições. Portanto, para de dar importância a coisas menores. Aproveita a tua vida.

— É só isso?

— Ainda tenho muita sabedoria para partilhar contigo. Estás cansado?

— Absolutamente nada. Aliás, até me sinto cheio de energia. És um excelente motivador, Julian. Já alguma vez pensaste em fazer um anúncio na televisão? — perguntei, a brincar.

— Não percebi — respondeu ele.

— Esquece. Era uma das minhas tristes tentativas de fazer humor.

— Está bem. Antes de avançarmos com a fábula do Iogue Raman, há uma última questão sobre o alcançar dos teus objetivos e sonhos que eu gostaria de frisar.

— Força.

— Há uma palavra que os sábios proferiam quase com reverência.

— Qual?

— Esta simples palavra parecia revestir-se de um significado profundo, para eles e pontuava todas as suas conversas. A palavra de que falo é *paixão* e é uma palavra que tens de manter sempre na tua mente, enquanto cumpres a tua missão e atinges os teus objetivos. Uma paixão ardente é o melhor combustível para os teus sonhos. Aqui, na nossa sociedade, perdemos a paixão. Não fazemos as coisas por gostarmos. Fazemo-las por obrigação. Esta é uma fórmula para a infelicidade. E não estou a falar de paixão romântica, embora este seja outro ingrediente para uma existência cheia de motivação e sucesso. Estou a falar de paixão pela vida. Recuperar a alegria de acordar todos os dias cheio de energia e entusiasmo. Incute o fogo da paixão em tudo o que fazes. Rapidamente colherás grandes recompensas materiais e espirituais.

— Pela maneira como falas, parece tão fácil...

— E é. A partir de hoje, assume o controlo total da tua vida. Decide, de uma vez por todas, ser dono do teu destino. Sê senhor de ti mesmo. Descobre a tua vocação e começarás a sentir o êxtase de uma vida inspirada. Por fim, lembra-te sempre de que o que ficou para trás e o que tens pela frente não são nada comparado com o que existe dentro de ti.

— Obrigado, Julian. Estava mesmo a precisar de ouvir isso. Até hoje, nunca me tinha apercebido de tudo o que me falta na vida. Tenho vivido sem rumo, sem um verdadeiro objetivo. As coisas vão mudar. Prometo-te que sim. Muito obrigado por isto.

— De nada, meu amigo. Estou simplesmente a cumprir o *meu* objetivo.

Sumário do Capítulo 8
A Sabedoria de Julian em Poucas Palavras

O símbolo

A virtude

Segue a tua missão

A sabedoria

- O objetivo da vida é uma vida com objetivos
- Descobrir e depois concretizar a tua missão de vida traz-te realização duradoura
- Define objetivos pessoais, profissionais e espirituais claros e concretos e, em seguida, tem a coragem de realizá-los

As técnicas

- O poder da autoexaminação
- O método de 5 passos para alcançar objetivos

Citação

Nunca te esqueças do quão importante é viver com um entusiasmo desenfreado. Nunca deixes de ver a beleza extraordinária de todos os seres vivos. O dia de hoje, este preciso instante, é um dom. Concentra-te na missão da tua vida. O Universo encarregar-se-á de tudo o resto.

O Monge Que Vendeu o Seu Ferrari

9

A antiga arte da autoliderança

As pessoas boas fortalecem-se constantemente.

CONFÚCIO

— O tempo está a passar muito depressa — disse Julian, servindo-se de mais uma chávena de chá. — Daqui a nada amanhece. Queres que continue, ou já chega por hoje?

Eu não podia deixar que aquele homem, que possuía tantas pérolas de sabedoria, parasse de falar antes de contar a sua história até ao fim. À partida, a sua narrativa parecia fantasiosa mas, enquanto eu o escutava, enquanto absorvia a filosofia intemporal que lhe fora transmitida, comecei realmente a acreditar nas palavras dele. Não se tratava das ruminações superficiais e autocomplacentes de um louco. Julian era genuíno. Fazia o que apregoava e a sua mensagem soava-me a autêntica. Eu confiava nele.

— Continua, por favor, Julian. Tenho todo o tempo do mundo. Os miúdos ficaram a dormir em casa dos avós e a Jenny só se levanta daqui a umas horas.

Sentindo a minha sinceridade, ele prosseguiu com a fábula simbólica, que o Iogue Raman lhe oferecera para ilustrar a sua sabedoria sobre cultivar uma vida mais rica e esplendorosa.

— Contei-te que o jardim representa o jardim fértil da tua mente, um jardim recheado de maravilhosos tesouros e infinitas riquezas. Falei-te também sobre o farol e de como representa o poder dos objetivos e a importância de descobrires a tua vocação na vida. Se bem te lembras, a dada altura na fábula, a porta do farol abre-se lentamente e aparece um lutador japonês de *sumo*, de um metro e noventa e quinhentos quilos.

— Parece um filme de segunda categoria sobre o Godzilla.

— Que eu adorava, quando era miúdo.

— Também eu. Mas não te distraias com os meus apartes — respondi.

— No sistema dos Sábios de Sivana, o lutador de *sumo* representa um elemento muito importante para mudar a vida. O Iogue Raman contou-me que, há muitos séculos, no antigo Oriente, os grandes professores desenvolveram e refinaram uma filosofia chamada *kaizen*. Esta palavra japonesa significa uma melhoria constante e infindável. E é a marca pessoal de todos os homens e mulheres que vivem uma existência próspera e perfeitamente desperta.

— Como é que o conceito de *kaizen* enriqueceu a vida dos sábios? — perguntei.

— Como referi antes, John, o sucesso exterior começa pelo sucesso interior. Se realmente queres melhorar o teu mundo exterior, quer seja ao nível da tua saúde, das tuas relações ou das tuas finanças, primeiro tens de melhorar o teu mundo interior. A maneira mais eficaz de o fazer é através da prática do automelhoramento constante. O autodomínio é o ADN do domínio da vida.

— Espero que não leves a mal, Julian, mas toda esta conversa sobre o «mundo interior» de cada pessoa parece-me demasiado esotérica. Não te esqueças de que sou apenas um advogado da classe média, dos subúrbios, com uma caravana à porta de casa e um cortador de relva na garagem. Tudo o que disseste até aqui tem sentido. Aliás, muitas das coisas que partilhaste comigo parecem-me uma mera questão de senso comum, embora eu saiba que, hoje em dia, o senso comum é tudo menos comum. Mas devo dizer-te que estou a ter uma certa dificuldade em apreender esta noção de *kaizen* e de melhorar o meu mundo interior. De que estás tu a falar exatamente?

Julian não hesitou na sua resposta.

— Na nossa sociedade, temos a mania de rotular os ignorantes de fracos. No entanto, todas as pessoas que exprimem a sua falta de conhecimento e procuram educar-se encontram o caminho para o esclarecimento antes de todas as outras. As tuas perguntas são honestas e mostram-me que estás aberto a ideias novas. A mudança é a força mais poderosa da nossa sociedade atual. A maior parte das pessoas tem medo dela, enquanto os sensatos a adotam. A tradição zen fala da mente de um principiante: quem tiver a mente aberta para receber novos conceitos — *as pessoas cuja chávena está sempre vazia* — avançará sempre para níveis mais elevados de conhecimento e realização. Nunca tenhas medo de perguntar seja o que for, por mais básico que te pareça. As perguntas são a maneira mais eficaz de atrair o conhecimento.

— Obrigado, mas continuo sem perceber a noção de *kaizen*.

— Quando falo em melhorares o teu mundo interior, refiro-me simplesmente ao automelhoramento e à expansão pessoal, que são as melhores coisas que podes fazer por ti próprio. Talvez aches que estás demasiado ocupado e que não tens tempo para te aperfeiçoares, mas isso seria um erro enorme. Quando puseres fim ao teu ritmo frenético e construíres um carácter forte, cheio de disciplina, energia, poder e otimismo, poderás ter tudo e fazer tudo o que quiseres, no teu mundo exterior. Quando cultivares uma noção profunda de fé nas tuas capacidades e um espírito indomitável, nada poderá impedir-te de alcançar todos os teus objetivos e de viver com grandes recompensas. Dominar a mente, cuidar do corpo e alimentar a alma permitir-te-ão incutir mais riqueza e vigor à tua vida. Como disse Epicteto há muitos, muitos anos: «Só é livre quem for senhor de si mesmo.»

— Portanto, *kaizen* acaba por ser um conceito muito prático.

— Muitíssimo. Pensa bem, John. Como é que uma pessoa pode gerir uma empresa, se não se souber gerir a si mesma? Como podes cuidar de uma família, se não aprendeste a cuidar de ti próprio? Como podes fazer o bem, se nem sequer te sentes bem? Estás a perceber?

Fiz um sinal de assentimento. Era a primeira vez que eu parava para pensar na importância de me melhorar a mim mesmo. Sempre achara que aquelas pessoas que via no metro, a lerem livros com títulos do género *The Power of Positive Thinking*[1] ou *MegaLiving!*[2] eram almas perdidas, buscando desesperadamente uma forma qualquer de paliativo para voltarem a encontrar-se a si mesmas. Percebia, agora, que as pessoas que decidiam fortalecer-se eram, de facto, as mais fortes e que só através do automelhoramento é que podemos ter esperança de melhorar os outros. Comecei, então, a pensar em todas as coisas que eu podia melhorar. Estava mesmo a precisar da energia e saúde acrescidas que o exercício físico certamente me dariam. Libertar-me do meu mau feitio e da minha mania de interromper os outros era capaz de fazer milagres na relação que tenho com a minha mulher e com os meus filhos. E eliminar o hábito da preocupação dar-me-ia a paz de espírito e a felicidade interior que procuro. Quanto mais pensava, mais me lembrava de coisas que podiam ser melhoradas em mim.

Ao ver todas as coisas positivas que inundariam a minha vida através da criação de bons hábitos, fiquei empolgado. Percebi, no entanto, que Julian estava a falar de algo muito maior do que a importância de fazer exercício físico, seguir uma dieta saudável e ter um estilo de vida equilibrado. O que ele aprendera nos Himalaias era muito mais profundo e significativo. Falou sobre a importância de construir um carácter forte, desenvolver robustez mental e viver com coragem. Disse-me que estas três qualidades me conduziriam não só a uma vida virtuosa, mas a uma vida cheia de conquistas, satisfação e paz interior. A coragem era uma qualidade que toda a gente podia cultivar, colhendo enormes recompensas a longo prazo.

— O que tem a coragem a ver com a autoliderança e com o desenvolvimento pessoal? — interroguei-me em voz alta.

— A coragem permite-te seres senhor de ti próprio. A coragem permite-te fazeres tudo o que quiseres, porque sabes que está certo. A coragem dá-te o autocontrolo para persistires onde outros fracassaram.

---

1. O poder do pensamento positivo. *(N. da T.)*

2. Viver ao máximo. *(N. da T.)*

E, por fim, o grau de coragem com que vives determina a percentagem de realização com que és brindado. Permite-te perceber verdadeiramente todas as maravilhas do épico que é a tua vida. E as pessoas que são senhoras de si mesmas têm um manancial inesgotável de coragem.

— Está certo. Começo a compreender o quão importante é aperfeiçoar-me. Por onde começo?

Julian retomou a sua conversa com o Iogue Raman, no cimo das montanhas, numa noite que ele recorda como tendo sido assombrosamente estrelada e belíssima.

— No princípio, também eu tive dificuldade em apreender a noção de autoaperfeiçoamento. No fim de contas, eu era um advogado duro, treinado em Harvard, sem tempo para desperdiçar com teorias New Age, impingidas por pessoas que eu achava que tinham mau aspecto e que andavam sempre pelos aeroportos a chagar os outros. Estava enganado. Foi esta tacanhez de espírito que colocou a minha vida num impasse, durante tantos anos. Quanto mais ouvia o Iogue Raman e mais refletia sobre a dor e o sofrimento do meu mundo anterior, mais acolhia de braços abertos a filosofia do *kaizen*, o enriquecimento constante e infindável da mente, do corpo e da alma — afirmou Julian.

— Porque é que, ultimamente, não paro de ouvir falar em «mente, corpo e alma»? Parece que já nem a televisão posso ligar sem ouvir um comentário sobre isso.

— É a trilogia dos teus dons humanos. Aperfeiçoares a tua mente sem cultivares os teus dotes físicos seria uma vitória vazia. Elevar a tua mente e o teu corpo ao seu ponto máximo sem alimentares a tua alma deixar-te-ia muito insatisfeito e despojado. Mas quando empenhas a tua energia em libertar todo o potencial dos teus três dons humanos saborearás o êxtase divino de uma vida iluminada.

— Estou em pulgas.

— Quanto à tua pergunta sobre por onde começar, prometo-te que, daqui a uns instantes, te vou ensinar uma série de técnicas antigas mas muito poderosas. Mas, primeiro, tenho de partilhar um exemplo prático contigo. Põe-te no chão como se fosses fazer flexões.

«Meu Deus, o Julian tornou-se um sargento da tropa!», pensei para comigo. Sentindo-me curioso e querendo manter a minha chávena vazia, obedeci.

— Agora, faz o máximo de flexões que conseguires. Não pares até teres a certeza de que não consegues fazer mais.

Esforcei-me no exercício, mas a minha estrutura de cem quilos já só estava habituada a caminhar até ao McDonald's mais perto de casa, com os meus filhos e a passear pelo campo de golfe com os meus colegas de trabalho. As primeiras quinze flexões foram um verdadeiro tormento. Com o calor daquela noite de verão a aumentar o meu desconforto, comecei a transpirar por todos os poros. Mas estava determinado a não mostrar sinais de fraqueza e continuei até que a minha vaidade cedeu, a par com os meus braços. À vigésima terceira flexão desisti.

— Não consigo, Julian. Isto está a dar cabo de mim. Aonde estás a querer chegar?

— Tens a certeza de que não consegues mais?

— Tenho. Vá, deixa-me descansar. A única lição que vou aprender com isto é o que fazer para ter um ataque cardíaco.

— Faz mais dez. Depois podes descansar — ordenou Julian.

— Só podes estar a gozar!

Mas continuei. Uma. Duas. Cinco. Oito. E, por fim, dez. Deitei-me no chão, completamente de rastos.

— Passei exatamente pela mesma experiência com o Iogue Raman, na noite em que ele me contou esta fábula especial — explicou Julian. — Ele disse-me que a dor é um excelente professor.

— O que é que uma pessoa pode aprender com uma experiência como esta? — perguntei, ofegante.

— O Iogue Raman, e já agora todos os Sábios de Sivana, acreditavam que as pessoas crescem mais quando entram na Zona do Desconhecido.

— Está bem, mas que tem isso a ver com mandares-me fazer flexões?

— Depois de fazeres vinte e três flexões, disseste que já não aguentavas mais. Disseste que era o teu limite máximo. E, no entanto, quando te desafiei a fazeres mais, respondeste fazendo mais dez flexões. Tinhas mais dentro de ti e, quando recorreste às tuas capacidades, recebeste mais. O Iogue Raman explicou-me uma verdade fundamental enquanto fui seu aluno: *«Os únicos limites da tua vida são aqueles que tu estabeleces.»* Quando te atreves a sair do teu círculo de conforto e a explorar o desconhecido, começas a libertar o teu verdadeiro potencial humano. Este é o primeiro passo para o autodomínio e para o domínio de todas as outras circunstâncias da tua vida. Quando te esforças para lá dos teus limites, como fizeste nesta pequena experiência, libertas reservas mentais e físicas que não sabias ter.

«Fascinante», pensei. E lembrei-me que tinha lido recentemente um livro que dizia que, em média, as pessoas só utilizam uma ínfima porção das suas capacidades humanas. Perguntei-me o que conseguiríamos fazer se começássemos a usar o resto do nosso reservatório de capacidades.

Julian percebeu que estava a marcar pontos.

— A maneira de praticar a arte do *kaizen* é esforçando-te ao máximo todos os dias. Empenha-te em aperfeiçoar a tua mente e o teu corpo. Alimenta o teu espírito. Faz as coisas que temes. Começa a viver com energia desenfreada e entusiasmo sem fim. Vê o sol nascer. Dança à chuva. Sê a pessoa que sonhas ser. Faz as coisas que sempre quiseste fazer, mas que não fazias, pensando que eras demasiado novo, demasiado velho, demasiado rico, ou demasiado pobre. Prepara-te para viver uma vida plenamente desperta e sublimada. No Oriente, dizem que a *sorte* favorece a mente preparada. Eu acredito que a *vida* favorece a mente preparada.

Julian continuou o seu discurso apaixonado.

— Identifica as coisas que te estão a reprimir. Tens medo de falar ou tens problemas com os teus relacionamentos? Falta-te uma atitude positiva ou precisas de mais energia? Faz um inventário por escrito das tuas fraquezas. As pessoas satisfeitas são muito mais atenciosas do que as outras. Para para refletir sobre o que poderá estar a impedir-te de ter a vida que realmente queres e conhece a fundo o que tens. Depois de teres identificado as tuas fraquezas, o passo seguinte é enfrentá-las e atacar os teus medos. Se tens medo de falar em público, inscreve-te para fazeres vinte apresentações orais. Se tens medo de abrir um negócio ou de sair de uma relação frustrante, reúne toda a tua coragem e fá-lo. Este poderá ser o primeiro gostinho a liberdade que sentes, desde há muitos anos. O medo não passa de um monstro mental que tu criaste, uma corrente de consciência negativa.

— O medo não passa de uma corrente de consciência negativa? Gosto dessa ideia. Queres dizer que todos os meus medos não passam de *gremlins* imaginários que invadiram a minha mente ao longo dos anos?

— Exatamente, John. Sempre que te impedes de fazer determinada ação, acrescentas achas à fogueira desses monstros. Mas quando conquistas os teus medos, conquistas a tua vida.

— Preciso de um exemplo.

— Claro. Peguemos no exemplo de falar em público, uma atividade de que a maior parte das pessoas foge como o diabo da cruz. Quando eu era advogado, via muitos colegas que tinham pânico de entrar na sala de audiências. Faziam de tudo, inclusive chegar a acordo com a parte adversária, só para não irem a tribunal e não terem de enfrentar uma sala cheia de gente.

— Também já vi casos desses.

— Achas que esses advogados nasceram com esse medo?

— Espero que não.

— Analisa bem um bebé. Um bebé não tem limites. A sua mente é uma paisagem fértil de potencial e possibilidade. Devidamente cultivada, levá-lo-á à grandeza. Preenchida com negatividade, levá-lo-á à mediocridade, na melhor das hipóteses. O que eu quero dizer é o seguinte: nenhuma experiência, seja falar em público, pedir um aumento ao patrão, nadar num lago banhado pelo sol ou caminhar numa praia ao luar, é inerentemente dolorosa ou agradável. É a tua maneira de pensar que a torna assim.

— Que interessante…

— Um bebé pode ser treinado para considerar um magnífico dia soalheiro como deprimente. Uma criança pode ser treinada para ver um cachorro como um animal maligno. Um adulto pode ser treinado para encarar uma droga como uma agradável forma de escape. É tudo uma questão de condicionamento, não é?

— Sem dúvida.

— O mesmo se aplica ao medo. O medo é uma resposta condicionada: um hábito esgotante que pode facilmente consumir a tua energia, criatividade e espírito, se não tiveres cuidado. Quando o medo levanta a sua hedionda crista, cala-o de imediato. A melhor maneira de o calares é fazendo precisamente aquilo que temes. Compreende a anatomia do medo. É uma criação tua. Como qualquer outra criação, é tão fácil derrubá-la como erigi-la. Procura e destrói sistematicamente todos os medos que sorrateiramente se infiltraram na fortaleza da tua mente. Basta isto para teres uma enorme confiança, felicidade e paz de espírito.

— A mente de uma pessoa pode realmente atingir um estado em que não tem medos absolutamente nenhuns? — perguntei.

— Excelente pergunta. A resposta é um inequívoco e enfático «Sim!». Todos os Sábios de Sivana eram completamente destemidos. Via-se na própria maneira como andavam. Via-se na maneira como falavam. Via-se quando se olhava bem no fundo dos olhos deles. E deixa-me dizer-te mais uma coisa, John.

— O quê? — perguntei, fascinado com o que estava a ouvir.

— Também eu sou destemido. Conheço-me a mim próprio e cheguei à conclusão de que o meu estado natural é uma indomitável força e um ilimitado potencial. Só que passei todos aqueles anos sem cuidar de mim e a viver de uma maneira desequilibrada. E digo-te mais. Quando apagas o medo da tua mente, começas a parecer mais jovem e a tua saúde torna-se mais revigorada.

— Ah, a velha ligação entre a mente e o corpo — respondi, na esperança de disfarçar a minha ignorância.

— Exato. Os Sábios do Oriente conhecem-na há mais de cinco mil anos. É tudo menos New Age[3] — disse ele, com um sorriso enorme a iluminar-lhe o rosto radioso.

---

3. Traduzido à letra, nova era. *(N. da T.)*

— Os sábios partilharam outro poderoso princípio comigo, no qual costumo pensar muitas vezes. Creio que será igualmente precioso para ti, enquanto avanças rumo à autoliderança e ao autodomínio. Motiva-me nos dias em que tenho vontade de levar as coisas com menos intensidade. Esta filosofia pode ser resumida sucintamente: aquilo que distingue as pessoas profundamente desenvolvidas daquelas que vivem vidas sem inspiração é que as primeiras fazem as coisas que as pessoas menos desenvolvidas não gostam de fazer, mesmo que também não as apreciem.

»As pessoas verdadeiramente esclarecidas — prosseguiu Julian —, aquelas que sentem felicidade todos os dias, estão preparadas para abdicar do prazer a curto prazo, em prol da realização a longo prazo. Portanto, enfrentam as suas fraquezas e medos, mesmo quando penetrar na zona do desconhecido lhes traz um certo desconforto. Decidem viver de acordo com a sabedoria do *kaizen*, melhorando todos os aspectos de si mesmas a um ritmo constante e contínuo. Com o tempo, as coisas que antes eram difíceis tornam-se fáceis. Os medos que antes as privavam de toda a felicidade, saúde e prosperidade que merecem acabam por tombar como figurinhas de cartão num vendaval.

— Portanto, estás a sugerir que eu me mude a mim mesmo, antes de mudar a minha vida?

— Sim. É como aquela velha história que o meu professor preferido me contou, quando eu andava a estudar Direito. Uma noite, um pai estava descontraidamente a ler o jornal, depois de um longo dia de trabalho. O filho, que queria brincar, não parava de incomodá-lo. Por fim, farto, o pai cortou uma fotografia do globo que vinha no jornal e rasgou-a em mil pedacinhos. «Toma, filho, agora diverte-te a refazer este *puzzle*», disse ele, na esperança de que isso ocupasse a criança o tempo suficiente para ele acabar de ler o jornal. Para espanto seu, o filho voltou uns minutos depois com o globo perfeitamente reconstituído. Quando o pai, estupefacto, lhe perguntou como é que ele conseguira aquela façanha, o filho sorriu e disse: «Pai, do outro lado da página estava uma fotografia de uma pessoa e, assim que consegui montar as peças da pessoa, o mundo ficou direitinho.»

— Que história!

— Olha, John, todas as pessoas mais inteligentes que eu conheço, desde os Sábios de Sivana aos meus professores de Direito em Harvard, todas parecem conhecer a fórmula-chave da felicidade.

— Continua — pedi, com uma certa impaciência.

— É precisamente aquilo que te disse antes: a felicidade advém da realização progressiva de um objetivo digno. Quando fazes uma coisa de que verdadeiramente gostas, só podes sentir-te profundamente satisfeito.

— Se a felicidade surge para todas as pessoas que simplesmente fazem aquilo de que gostam, porque é que há tanta gente infeliz?

— É uma questão pertinente, John. Fazer aquilo de que gostas, quer seja abdicar do emprego que tens atualmente para te tornares ator, quer seja despender menos tempo com coisas que são pouco importantes para abrir caminho para aquelas que consideras realmente significativas, requer uma grande dose de coragem. Requer que saias da tua zona de conforto. E, inicialmente, a mudança é sempre um pouco incómoda. Da mesma maneira que é arriscada. Tendo dito isto, esta é a maneira mais segura de criar uma vida mais alegre.

— E o que é que uma pessoa faz para ter coragem?

— Acontece o mesmo que na história: assim que tiveres todas as tuas peças encaixadas, o teu mundo ficará bem. Assim que dominares a tua mente, o teu corpo e o teu carácter, a felicidade e a abundância inundarão a tua vida quase que por magia. Mas tens de trabalhar para isso todos os dias, nem que seja dez ou quinze minutos por dia.

— E o que é que o lutador japonês de *sumo*, de um metro e noventa e quinhentos quilos, simboliza na fábula do Iogue Raman?

— O nosso amigo de peso lembrar-te-á constantemente do poder do *kaizen*, a palavra japonesa para o constante autodesenvolvimento e evolução.

Em apenas umas horas, Julian revelara-me a informação mais poderosa — e mais extraordinária — que eu jamais ouvira em toda a minha vida. Aprendera que a minha mente é mágica e constitui um manancial de tesouros inesgotáveis. Aprendera técnicas extremamente práticas para acalmar a mente e concentrar o seu poder nos meus desejos e sonhos. Aprendera a importância de ter uma missão definida na vida e de estabelecer objetivos claros em todos os aspectos do meu mundo pessoal, profissional e espiritual. Agora, tomara conhecimento do princípio intemporal do autodomínio: *kaizen*.

— Como é que posso praticar a arte do *kaizen*?

— Vou ensinar-te dez rituais antigos, mas extremamente eficazes, que te farão avançar bem longe no caminho do autodomínio. Se os aplicares todos os dias, com fé na sua utilidade, notarás resultados notáveis em apenas um mês, a contar a partir de hoje. Se continuares a aplicá-los, a incorporar as técnicas na tua rotina de tal forma que elas se tornem hábitos, vais alcançar um estado de saúde perfeita, energia ilimitada, felicidade duradoura e paz de espírito. E, assim, acabarás por chegar ao teu destino divino, pois é um direito teu à nascença.

»O Iogue Raman ensinou-me os dez rituais — prosseguiu Julian — com muita fé naquilo a que ele chamava a sua «acuidade e requinte», e creio que concordarás que eu sou a prova viva do seu poder. Peço-te, simplesmente, que escutes o que tenho para te dizer e que avalies, tu próprio, os resultados.

— Resultados que vão mudar a minha vida em apenas trinta dias? — perguntei, incrédulo.

— Sim. O *quid pro quo* é que deverás tirar pelo menos uma hora por dia, durante trinta dias consecutivos, para praticares as estratégias que te vou ensinar. Este investimento em ti próprio é tudo o que necessitas. E, por favor, não me digas que não tens tempo.

— Mas não tenho mesmo — respondi com sinceridade. — O meu escritório está a abarrotar de processos. Não disponho de dez minutos para mim mesmo, quanto mais de uma hora inteira, Julian!

— Como te expliquei antes, dizer que não tens tempo para te aperfeiçoares, quer seja melhorando a tua mente, quer alimentando o teu espírito, é o mesmo que dizer que não tens tempo para meter gasolina por estares demasiado ocupado a conduzir. Vais acabar por sofrer as consequências.

— A sério?

— A sério.

— Em que sentido?

— Deixa-me explicar-te. És uma espécie de automóvel de corridas, no valor de milhões de dólares; uma máquina bem oleada e altamente sofisticada.

— Muito obrigado, Julian.

— A tua mente é a maior maravilha do universo e o teu corpo tem a capacidade de fazer coisas que te deixarão estupefacto.

— Concordo.

— Sabendo o valor desta máquina de alta performance de milhões de dólares, achas sensato deixá-la a trabalhar sem parar um minuto, todos os dias, sem sequer fazer uma paragem nas *boxes* para deixar o motor arrefecer?

— Claro que não.

— Então, porque é que não tiras uns instantes todos os dias para fazeres a tua paragem pessoal nas *boxes* ou uma pausa para descansar? Porque é que não deixas o motor de alta performance da tua mente arrefecer? Estás a compreender aonde quero chegar? Tirar uns minutinhos para te renovares é a coisa mais importante que podes fazer. Ironicamente, roubar tempo ao teu horário frenético para te auto-aperfeiçoares e enriqueceres pessoalmente vai melhorar radicalmente a tua eficácia, quando voltares ao trabalho.

— E só preciso de tirar uma hora por dia, durante trinta dias?

— É a fórmula mágica que sempre procurei. Provavelmente teria pago uns dois milhões de dólares por isso, nos meus velhos tempos de glória, se me tivesse apercebido da sua importância. Mal sabia eu que era de graça, como o é, de resto, todo o conhecimento inestimável. Tendo dito isto, tens de ser disciplinado e aplicar diariamente as estratégias que constituem a fórmula, com total convicção no seu valor.

— E não se trata de um acordo provisório — explicou Julian. — Assim que o aceitas, é para o resto da vida.

— O que é que queres dizer?

— Gastar uma hora por dia a cuidar de ti vai trazer-te resultados dramáticos, no espaço de trinta dias, desde que faças as coisas certas. Uma pessoa leva cerca de um mês a instaurar plenamente um novo hábito. Depois deste período, as estratégias e técnicas que vais aprender encaixar-se-ão na tua vida como uma segunda pele. O segredo é que tens de continuar a praticá-las todos os dias, se queres continuar a ver resultados concretos.

— É justo — concordei. Julian tinha claramente libertado uma fonte pessoal de vigor e serenidade interior na sua própria vida. Aliás, a sua transformação de um velho advogado decadente num enérgico e radioso filósofo era miraculosa. Nesse instante, decidi dedicar uma hora por dia na aplicação das técnicas e princípios que estavas prestes a ouvir. Decidi melhorar-me a mim mesmo, antes de tentar mudar os outros, como costumava ser meu hábito. Talvez também eu pudesse sofrer uma transformação ao «estilo Julian Mantle». Valia certamente a pena tentar.

Nessa noite, sentado no chão da minha sala atravancada, aprendi aquilo a que Julian chamava os «Dez rituais para uma vida radiosa». Alguns deles requeriam um pequeno esforço de concentração da minha parte. Outros podiam ser realizados sem esforço. Eram todos eles intrigantes e cheios de promessas de coisas extraordinárias por vir.

— A primeira estratégia era apelidada pelos sábios de Ritual da Solidão. Implica simplesmente certificares-te de que a tua rotina diária inclui um período obrigatório de paz e sossego.

— E o que é ao certo um período de paz e sossego?

— É um período de tempo, que pode ser de quinze minutos ou de cinquenta, em que exploras o poder curativo do silêncio e descobres quem tu realmente és — explicou Julian.

— Uma espécie de descanso para o tal motor sobreaquecido que é a minha mente? — sugeri, com um ligeiro sorriso.

— É uma maneira muito adequada de descrever as coisas. Já alguma vez fizeste uma viagem de carro com a tua família?

— Claro. Todos os verões vamos de carro até às ilhas e passamos duas semanas em casa dos pais da Jenny.

— Muito bem. E costumas fazer paragens pelo caminho?

— Claro. Para comer, ou, se estou com sono, durmo um pouco, em vez de ter de ouvir os meus miúdos a discutir no banco de trás, durante seis horas.

— Então, pensa no Ritual da Solidão como uma paragem para a alma. O seu objetivo é a autorrenovação e isto só pode ser feito sozinho, imerso num belo banho de silêncio.

— Que tem o silêncio de tão especial assim?

— Boa pergunta. O silêncio e o sossego ligam-te à tua fonte criativa e libertam a infinita inteligência do universo. A mente, John, é como um lago. No nosso mundo caótico, a mente da maior parte das pessoas não está serena. Estamos cheios de turbulência interna. No entanto, tirando algum tempo para estar em sossego todos os dias, o lago da mente torna-se tão sereno como uma placa de vidro. A quietude interior traz uma abundância de benefícios, incluindo uma sensação profunda de bem-estar, paz interior e energia inesgotável. Começarás, inclusive, a dormir melhor e a notar um novo equilíbrio nas tuas atividades do dia-a-dia.

— E para onde devo ir durante esse período de descanso?

— Teoricamente, podes fazê-lo em qualquer lugar, seja no teu escritório ou no teu quarto. O segredo é encontrar um espaço verdadeiramente sossegado... e bonito.

— Que tem a beleza a ver com a história?

— Uma imagem bonita suaviza uma alma inquieta — comentou Julian, soltando um profundo suspiro. — Um *bouquet* de rosas ou um simples narciso terão um efeito extremamente salutar nos teus sentidos e ajudar-te-ão a descontrair. Idealmente, devias saborear essa beleza num espaço que sirva de Santuário do Eu.

— O que é isso?

— Basicamente, é um lugar que será o teu fórum secreto para a expansão mental e espiritual. Poderá ser um quarto de uma casa ou, simplesmente, um canto sossegado de um pequeno apartamento. A questão é marcar um espaço para as tuas atividades de renovação, um lugar que fica ali, quietinho, à tua espera.

— Adoro a ideia. Acho que ter um lugar sossegado, quando chegasse a casa do trabalho, faria uma diferença enorme na minha vida. Podia descomprimir um pouco e libertar-me do stresse do dia. Provavelmente faria de mim uma companhia muito mais agradável.

— Isso leva-nos a outra questão importante. O Ritual da Solidão funciona melhor quando o praticas todos os dias à mesma hora.

— Porquê?

— Porque, assim, torna-se parte integral da tua rotina, como um ritual. Ao praticares todos os dias à mesma hora, essa dose diária de silêncio tornar-se-á rapidamente num hábito que nunca mais abandonarás. E os hábitos de vida positivos guiar-te-ão, inevitavelmente, ao teu destino.

— Mais alguma coisa?

— Sim. Se puderes, comunga com a natureza todos os dias. Uma pequena caminhada pelo mato ou, por exemplo, uns minutinhos a cultivar uma horta no teu quintal, ligar-te-ão à fonte de calma que poderá estar adormecida dentro de ti. Estar com a natureza permite-te também entrar em sintonia com a infinita sabedoria do teu eu supremo. Este autoconhecimento levar-te-á às dimensões inexploradas do teu poder pessoal. Nunca te esqueças disto — aconselhou Julian, a sua voz subindo de tom, apaixonada.

— Este ritual funcionou bem contigo, Julian?

— Sem dúvida alguma. Levanto-me ao raiar do Sol e a primeira coisa que faço é dirigir-me para o meu santuário secreto. Aí, exploro o Coração da Rosa durante o tempo que for preciso. Uns dias, passo horas em serena contemplação. Outros, passo apenas dez minutos. O resultado é sempre mais ou menos o mesmo: uma profunda sensação de harmonia interior e uma abundância de energia física. O que nos leva ao segundo ritual, o Ritual da Fisicalidade.

— Parece interessante. O que é?

— Tem a ver com o poder do cuidado físico.

— Hã?

— É simples. O Ritual da Fisicalidade baseia-se no princípio que diz que deves cuidar da mente da mesma maneira que cuidas do corpo. Ao mesmo tempo que preparas o corpo, preparas também a tua mente. Enquanto treinas o teu corpo, treinas a tua mente. Gasta uns instantes todos os dias, sem exceção, a alimentar o templo do teu corpo através de exercício físico intenso. Põe o teu sangue a circular e o teu corpo a mexer. Sabias que uma semana tem cento e sessenta e oito horas?

— Não, não sabia.

— É verdade. Pelo menos cinco dessas horas deviam ser investidas numa forma de atividade física. Os Sábios de Sivana praticavam a antiga disciplina do ioga para despertarem o seu potencial físico e viverem uma existência forte e dinâmica. Era extraordinário ver aqueles magníficos espécimes físicos, que tinham conseguido impermeabilizar a sua vida ao envelhecimento, a fazer o pino no meio da aldeia!

— Já experimentaste o ioga, Julian? A Jenny começou a praticar no verão e diz que lhe deu mais cinco anos de vida.

— Não há uma só estratégia que vá transformar magicamente a tua vida, John, tenho de alertar-te para isto. A mudança duradoura e profunda advém da aplicação contínua de uma série de métodos que já te ensinei. Mas o ioga é uma maneira muito eficaz de libertar as tuas reservas de energia. Eu pratico ioga todas as manhãs e é uma das melhores coisas que faço por mim. Não só rejuvenesce o meu corpo como concentra completamente a minha mente. Inclusive desbloqueou a minha criatividade. É uma disciplina esplêndida.

— Os sábios faziam mais alguma coisa para cuidarem dos seus corpos?

— O Iogue Raman e os seus irmãos e irmãs também faziam a apologia de caminhadas vigorosas em espaços naturais, fosse nos trilhos de montanha ou no âmago das florestas luxuriantes. Diziam que fazia maravilhas para aliviar o cansaço e repor o estado natural de energia do corpo. Quando o tempo estava demasiado agreste para caminhadas, faziam exercício físico no abrigo das suas cabanas. Podiam falhar uma refeição, mas nunca falhavam a sua dose diária de ginástica.

— O que é que tinham nas cabanas? Máquinas de musculação? — disse eu, a brincar.

— Claro que não. Às vezes, treinavam posturas de ioga. Outras vezes, via-os a fazerem flexões só com um braço. Acho que não importava por aí além o que é que eles faziam, desde que pusessem o corpo a mexer e sorvessem o ar puro daquela paisagem de cortar a respiração.

— Que tem o ar puro a ver com o caso?

— Vou responder à tua pergunta com um dos ditados preferidos do Iogue Raman: «Respirar adequadamente é viver corretamente.»

— A respiração é assim tão importante? — perguntei, surpreendido.

— Pouco depois de ter chegado a Sivana, os sábios ensinaram-me que a maneira mais rápida de duplicar, ou inclusive triplicar, a quantidade de energia que temos é aprendendo a arte de respirar corretamente.

— Mas qualquer pessoa sabe respirar, até um bebé recém-nascido, ou não?

— Nem por isso, John. Embora a maior parte das pessoas saiba respirar para sobreviver, nunca aprendemos a respirar para prosperar. A maior parte das pessoas respira demasiado superficialmente e, ao fazê-lo, não está a dar suficiente oxigénio ao corpo para que este atinja o seu nível ideal.

— Pelos vistos, respirar corretamente requer muita ciência.

— Pois requer. E os sábios estavam cientes disso. A sua filosofia era simples: inspira mais oxigénio através de uma respiração correta e libertarás as tuas reservas de energia, juntamente com o teu estado natural de vigor.

— Está bem, então por onde é que começo?

— É muito fácil. Duas ou três vezes por dia, gasta uns minutinhos a pensar em respirar mais profunda e eficazmente.

— Como é que sei se estou a respirar corretamente?

— A tua barriga deve sobressair um pouco, um sinal de que estás a respirar a partir do abdómen, o que é bom. Um truque que o Iogue Raman me ensinou foi colocar as mãos sobre o estômago. Se elas se deslocarem para fora quando inspiro, a minha técnica de respiração está correta.

— Muito interessante.

— Se isto te agrada, vais gostar ainda mais do terceiro ritual para uma vida radiosa — disse Julian.

— Que é?

— O Ritual dos Alimentos Vivos. Nos meus tempos de advogado, vivia à base de um regime alimentar de bifes, batatas fritas e outros tipos de comida pouco saudável. Sim, é certo que comia nos melhores restaurantes do país, mas ainda assim enchia o meu corpo de porcarias. Não sabia, naquela época, mas era uma das principais fontes do meu descontentamento.

— A sério?

— Sim. Uma dieta empobrecida tem um efeito acentuado na tua vida. Consome-te a energia mental e física. Afeta os teus estados de espírito e turva a clareza da tua mente. O Iogue Raman explicou-me a situação da seguinte maneira: «A forma como alimentas o teu corpo afeta o alimento da tua mente.»

— Depreendo, então, que mudaste de regime alimentar?

— Radicalmente. E isso fez uma diferença espantosa na maneira como me sentia e inclusivamente no meu aspecto físico. Sempre pensei que andava tão em baixo por causa do stresse e das pressões do meu trabalho, e que as rugas eram da velhice. Em Sivana, aprendi que grande parte da minha letargia se devia ao baixo nível de combustível que eu estava a bombear para o meu corpo.

— O que é que os Sábios de Sivana comiam, para se manterem tão jovens e esplendorosos?

— Alimentos vivos — respondeu Julian sem hesitar.

— Hã?

— A solução são os alimentos vivos e os alimentos vivos são alimentos que não estão mortos.

— Deixa-te de trocadilhos, Julian. O que são alimentos vivos? — perguntei, impaciente.

— Basicamente, os alimentos vivos são todos aqueles criados pela interação natural do Sol, ar, terra e água. Estou a falar de uma dieta vegetariana. Enche o teu prato de vegetais frescos, frutas e cereais, e poderás viver para sempre.

— Isso é possível?

— A maior parte dos sábios tinha mais de cem anos e não mostrava qualquer sinal de abrandamento. Na semana passada, li uma notícia no jornal sobre um grupo de pessoas que vive na pequenina ilha de Okinawa, no Mar da China Oriental. Os investigadores foram a correr para a ilha, fascinados pelo facto de lá se encontrar o maior número de centenários do mundo.

— E o que é que descobriram?

— Que uma dieta vegetariana é um dos principais segredos da sua longevidade.

— Mas esse tipo de dieta é saudável? Não deve dar muita energia. Lembra-te de que ainda sou um advogado muito ocupado, Julian, preciso de forças.

— É a dieta que a natureza nos dita. É viva, vital e extremamente saudável. Os sábios vivem desse regime alimentar há milhares de anos. Chamam-lhe *sattvic*, ou dieta pura. E quanto à tua preocupação com a força, os animais mais fortes do planeta, desde os gorilas aos elefantes, são vegetarianos convictos. Sabias que um gorila tem cerca de trinta vezes mais força do que um homem?

— Obrigado por esse importante dado.

— Ouve, os sábios não eram pessoas extremistas. Toda a sua sabedoria se baseava no princípio antigo de que «devemos viver uma vida de moderação e sem extremismos». Portanto, se gostas de carne, podes continuar a comê-la. Lembra-te apenas de que estás a comer alimentos mortos. Se puderes, reduz a quantidade de carne vermelha que comes. É muito difícil de digerir e, uma vez que o aparelho digestivo é um dos que mais energia consome no nosso corpo, esses alimentos acabam por desperdiçar as nossas reservas de energia. Estás a perceber aonde quero chegar? Compara a maneira como te sentes depois de teres comido um bife e depois de teres comido uma salada. Se não queres tornar-te um vegetariano rigoroso, começa pelo menos por comer sempre uma salada com o prato principal e fruta à sobremesa. Só isso fará uma diferença enorme na qualidade da tua vida física.

— Não me parece muito difícil fazer isso — respondi. — Tenho ouvido muitas coisas sobre a influência positiva de uma dieta maioritariamente vegetariana. Ainda na semana passada, a Jenny me contou que foi feito um estudo, na Finlândia, que concluiu que trinta e oito por cento dos novos vegetarianos analisados se sentiam muito menos cansados e mais despertos, depois de apenas sete meses desse novo estilo de vida. Devo, portanto, tentar comer uma salada a todas as refeições. Olhando para ti, Julian, até era capaz de fazer da salada o prato principal.

— Experimenta durante um mês e avalia os resultados por ti mesmo. Vais sentir-te às mil maravilhas.

— Está bem. Se é suficiente para os sábios, é suficiente para mim. Prometo que vou tentar. Não me parece particularmente difícil e, seja como for, já estou farto de acender o churrasco todas as noites.

— Se já estás convencido do Ritual dos Alimentos Vivos, acho que vais adorar o quarto ritual.

— O teu discípulo continua com a chávena vazia.

— O quarto ritual é conhecido como o Ritual do Conhecimento Abundante. Baseia-se na noção fundamental de que é preciso aprender durante a vida inteira e expandir os conhecimentos, para bem próprio e de todos os que nos rodeiam.

— A velha ideia do «conhecimento é poder»?

— Vai muito além disso, John. O conhecimento é apenas poder *potencial*. Para que o poder se manifeste tem de ser aplicado. A maior parte das pessoas sabe o que deve fazer em qualquer situação e, em termos gerais, na sua vida. O problema é que não tomam medidas diárias concretas para aplicarem o conhecimento e realizarem os seus sonhos. O Ritual do Conhecimento Abundante é, no fundo, ser-se um estudante da vida. Acima de tudo, requer que utilizes o que aprendeste na sala de aulas da tua existência.

— O que é que o Iogue Raman e os outros sábios faziam para aplicar este ritual?

— Tinham muitos sub-rituais que executavam todos os dias, como uma espécie de tributo ao Ritual do Conhecimento Abundante. Uma das estratégias mais importantes era também uma das mais fáceis. Até podes começar a praticá-la hoje.

— Não requer muito tempo, pois não?

Julian sorriu.

— Todas estas técnicas, instrumentos e dicas que estou a partilhar contigo tornar-te-ão mais produtivo e eficiente do que jamais foste. Não sejas tacanho nem sovina. Pensa em todas aquelas pessoas que dizem que não têm tempo para fazer *back-ups* dos seus trabalhos em computador, porque estão demasiado ocupadas a trabalhar nesses ficheiros. E, no entanto, quando as máquinas vão abaixo e elas perdem meses de trabalho importante, essas pessoas arrependem-se de não terem gasto uns minutos por dia a fazer cópias. Percebes?

— Preciso de reordenar a minha lista de prioridades?

— Exatamente. Tenta não viver a tua vida preso pelas grilhetas dos teus horários. Em vez disso, concentra-te nas coisas que a tua consciência e o teu coração te mandam fazer. Quando investes em ti próprio e começas a dedicar-te à elevação da tua mente, do teu corpo e do teu carácter aos seus níveis máximos, quase sentes que tens um navegador pessoal dentro de ti a dizer-te o que deves fazer para obteres resultados melhores e mais gratificantes. Pararás de te preocupar com o teu relógio e começarás a viver a tua vida.

— Já percebi. Então, qual era o sub-ritual tão simples que me ias ensinar? — perguntei.

— Lê com regularidade. Ler durante trinta minutos por dia fará maravilhas por ti. Mas devo avisar-te de uma coisa. Não leias à toa. Deves ser muito seletivo quanto ao que cultivas no jardim fértil da tua mente. Tem de ser extremamente nutritivo. Algo que te melhore a ti e, ao mesmo tempo, a qualidade da tua vida.

— O que é que os sábios liam?

— Passavam muitos dos seus momentos do dia a ler e reler as técnicas antigas dos seus antepassados. Devoravam essa literatura filosófica. Ainda hoje me lembro de ver aquelas pessoas de aspecto maravilhoso, sentadas em pequeninas cadeiras de bambu, a ler aqueles livros estranhamente encadernados, com subtis sorrisos de iluminação esboçados nos lábios. Foi em Sivana que aprendi verdadeiramente o poder do livro e o princípio de que um livro é o melhor amigo dos sábios.

— Então, devo começar a ler todos os bons livros que me aparecerem pela frente?

— Sim e não — respondeu Julian. — Nunca te diria para não leres o máximo número de livros que puderes. Mas lembra-te de que alguns livros são para saborear, outros para mastigar bem e, finalmente, outros ainda são para devorar inteiros. O que me lembra outra coisa.

— Estás com fome?

— Não, John — disse Julian, a rir. — Só queria dizer-te que, para tirares o máximo partido de um grande livro, tens de estudá-lo e não apenas lê-lo. Analisa-o como fazes com os contratos que os teus clientes te mostram para lhes dares a tua opinião de profissional. Estuda-o bem, trabalha-o, conhece-o como a palma da tua mão. Os sábios liam muitos dos livros de sapiência que tinham na sua vasta biblioteca, dez ou quinze vezes. Tratavam os grandes livros como as escrituras, documentos sagrados de origem divina.

— Uau! Ler é assim tão importante?

— Trinta minutos por dia mudarão a tua vida, porque rapidamente vais começar a ver as vastíssimas reservas de conhecimento que existem ao teu dispor. Todas as respostas para todos os problemas que já tiveste na vida encontram-se nos livros. Se queres ser melhor advogado, pai, amigo ou amante, há livros que te vão impulsionar na direção desses objetivos. Todos os erros que já cometeste na vida também já foram cometidos pelos nossos antecessores. Achas mesmo que os desafios que estás a enfrentar são exclusivamente teus?

— Nunca tinha pensado no caso dessa maneira, Julian. Mas compreendo o que dizes e sei que tens razão.

— Todos os problemas que alguém já teve ou terá, ao longo da sua vida, já foram vividos por outros — declarou Julian. — Acima de tudo, as respostas e soluções já foram registadas nas páginas dos livros. Lê os livros certos. Aprende como é que os nossos antecessores lidaram com os desafios que tu estás a enfrentar agora. Aplica as suas estratégias de sucesso e ficarás surpreendido com as melhorias que notarás na tua vida.

— E o que são exatamente «os livros certos»? — perguntei, tendo-me apercebido rapidamente de que a perspetiva de Julian era excelente.

— Deixo isso a teu cargo, meu amigo. Pessoalmente, desde que regressei do Oriente, passo a maior parte dos meus dias a ler biografias de homens e mulheres que admiro e uma grande dose de literatura sapiente.

— Podes recomendar alguns títulos a um jovem ansioso? — disse eu, sorrindo de orelha a orelha.

— Claro. Vais adorar a biografia do grande americano Benjamin Franklin. Também vais crescer muito com a autobiografia do Mahatma Gandhi, intitulada *The Story of My Experiments with Truth*[4]. Sugiro ainda que leias *Siddhartha*, de Hermann Hesse, a filosofia extremamente prática de Marco Aurélio e parte da obra de Séneca. Podes inclusivamente ler *Think and Grow Rich*[5], de Napoleon Hill. Li-o na semana passada e pareceu-me muito profundo.

— *Think and Grow Rich!* — exclamei. — Mas eu pensei que tinhas deixado essas coisas materialistas para trás, depois do teu ataque cardíaco. Já não suporto esses manuais sobre como enriquecer em três tempos, que andam por aí a ser impingidos por vendedores manhosos às pessoas sem discernimento!

— Calma, John. Concordo inteiramente contigo — interrompeu Julian, com toda a paciência e afeto de um avô sábio e carinhoso. — Também eu quero restaurar a ética na nossa sociedade. Este pequeno livro não é sobre ganhar muito dinheiro, é sobre ganhar muito na vida. Tenho de alertar-te que existe uma diferença enorme entre bem-estar e estar bem financeiramente. Eu próprio já passei por isso e conheço de perto a ânsia de viver em função do dinheiro. *Think and Grow Rich* é sobre a abundância, incluindo a abundância espiritual e como atrair tudo o que há de bom para a nossa vida. Aprenderás muito com esta leitura. Mas não vou insistir mais.

— Desculpa, Julian, parecia um advogado agressivo em pleno tribunal — disse eu, humildemente. — Acho que, às vezes, o meu

4. História das minhas experiências com a verdade. *(N. da T.)*

5. Pense e enriqueça. *(N. da T.)*

mau feitio vem ao de cima. Mais uma coisa que tenho de melhorar em mim. Estou-te muito grato por tudo o que me estás a ensinar.

— Não te preocupes, já passou. Só quero frisar que deves ler e ler muito. Queres saber mais uma coisa interessante?

— O quê?

— Não é o que vais tirar dos livros que se torna tão enriquecedor... é o que os livros vão tirar de ti que acabará por mudar a tua vida. É que, na verdade, John, os livros não nos ensinam nada de novo.

— A sério?

— A sério. Os livros ajudam-te simplesmente a ver o que já tens dentro de ti. É isto o verdadeiro esclarecimento. Depois das minhas viagens e explorações, descobri que fiz um círculo completo e regressei precisamente ao ponto de partida, à época em que era miúdo. Mas, agora, conheço-me a mim mesmo e tudo o que sou e posso ser.

— Portanto, o Ritual do Conhecimento Abundante prende-se com ler muito e explorar a riqueza de informação que existe no mundo?

— Em parte, sim. Por agora, lê trinta minutos por dia. O resto surgirá naturalmente — respondeu Julian, num tom ligeiramente misterioso.

— Está certo. E qual é o quinto ritual para uma vida radiosa?

— É o Ritual da Reflexão Pessoal. Os sábios acreditavam convictamente no poder da contemplação interior. Se te conheceres a ti mesmo, entrarás em contacto com uma dimensão do teu próprio ser que nem sequer sabias que existia.

— Parece profundo.

— Na verdade, é um conceito muito prático. Todos temos inúmeros talentos adormecidos dentro de nós. Se nos dermos ao trabalho de os conhecer, ateamo-los. Mas a contemplação silenciosa vai dar-te muito mais do que isso. Esta prática tornar-te-á mais forte, mais à vontade contigo mesmo e mais sensato. É uma utilização muito gratificante da tua mente.

— Continuo sem perceber muito bem esse conceito, Julian.

— É normal. Quando o ouvi pela primeira vez, também tive alguma dificuldade em compreendê-lo. Resumindo, a reflexão pessoal é simplesmente o hábito de pensar.

— Mas toda a gente pensa! Faz parte do ser humano, ou não?

— Bom, a maior parte das pessoas pensa. O problema é que quase todas pensam apenas o suficiente para sobreviver. O que eu estou a querer dizer é que há que pensar para prosperar. Quando leres a biografia de Benjamin Franklin, perceberás aonde quero chegar. Todas as noites, depois de um longo dia de trabalho produtivo, Franklin refugiava-se num canto silencioso da sua casa e refletia sobre esse dia. Pensava em todos os seus atos e se eles eram positivos e construtivos, ou se eram negativos, a precisarem de reparação. Percebendo claramente tudo o que fazia de errado em cada dia, ele podia tomar medidas imediatas para melhorar e avançar no caminho do autodomínio. Os sábios faziam a mesma coisa. Todas as noites, refugiavam-se no santuário das suas cabanas, cobertas de fragrantes pétalas de rosa e sentavam-se a meditar profundamente. O Iogue Raman fazia inclusivamente um inventário escrito do seu dia.

— Que tipo de coisas é que ele apontava? — perguntei.

— Primeiro, fazia uma lista de todas as suas atividades, desde os seus cuidados higiénicos matinais às suas interações com os outros sábios, passando pelas suas caminhadas pela floresta, em busca de lenha e alimentos frescos. Curiosamente, escrevia também os pensamentos que lhe tinham passado pela cabeça, nesse dia.

— E isso não é difícil? Mal me consigo lembrar do que pensei há cinco minutos, quanto mais há doze horas.

— Não se praticares este ritual todos os dias. Qualquer pessoa pode obter o tipo de resultados que eu obtive. Qualquer pessoa. O grande problema é que a maior parte das pessoas sofre daquela terrível doença chamada *desculpite.*

— Acho que sofro disso — repliquei, percebendo perfeitamente o que Julian estava a dizer.

— Para de inventar desculpas e age! — exclamou Julian, a sua voz deixando transparecer a força da sua convicção.

— E faço o quê?

— Para para pensar. Habitua-te a fazer uma introspeção pessoal todos os dias. Depois de escrever numa coluna tudo o que fizera e pensara durante o dia, o Iogue Raman fazia outra coluna com a avaliação de cada item. Confrontado com as suas atividades e pensamentos sob a forma escrita, perguntava-se se eram de natureza positiva. Se fossem, decidia continuar a empenhar neles a sua preciosa energia, uma vez que, a longo prazo, lhe trariam grandes benefícios.

— E se fossem negativos?

— Nesse caso, ele concebia uma maneira de se livrar deles.

— Acho que um exemplo era capaz de me ajudar.

— Pode ser pessoal? — perguntou Julian.

— Claro, gostava de conhecer alguns dos teus pensamentos mais íntimos — confessei.

— Por acaso referia-me aos teus.

Desatámo-nos a rir, como dois miúdos no recreio da escola.

— Ah, está bem. Consegues sempre levar a água ao teu moinho.

— Muito bem, vamos enumerar algumas das coisas que fizeste hoje. Escreve-as num papel, em cima da mesa — sugeriu Julian.

Comecei a perceber que estava prestes a acontecer algo de muito importante. Era a primeira vez, em anos, que eu parava tudo e me sentava a pensar nas coisas que fazia e nos pensamentos que tinha. Era tudo tão estranho e, no entanto, tão inteligente. No fim de contas, como é que eu podia aperfeiçoar-me a mim e à minha vida, se nem sequer me dera ao trabalho de avaliar o que precisava de melhorar?

— Por onde começo? — perguntei.

— Começa pelo que fizeste de manhã e vai avançando ao longo do dia. Basta apontares alguns dos pormenores mais importantes para termos suficientes tópicos para explorar. E daqui a pouco voltamos à fábula do Iogue Raman.

— Combinado. Acordei às seis e meia da manhã, ao som do meu galo eletrónico — disse eu, a brincar.

— Vá, deixa-te de brincadeiras e continua — insistiu Julian, com firmeza.

— Está bem. Depois tomei banho e fiz a barba, comi umas bolachas à pressa e saí a correr para o trabalho.

— E o resto da tua família?

— Estavam todos a dormir. Continuando, assim que cheguei ao escritório, reparei que o meu cliente das sete e meia estava à minha espera desde as sete e estava furioso!

— E qual foi a tua resposta à fúria dele?

— Respondi-lhe torto, o que é que querias que eu fizesse? Que o deixasse tratar-me mal?

— Hum... Está bem. E depois, o que é que aconteceu?

— Bom, a situação foi de mal a pior. Telefonaram-me do tribunal a dizer que o Juiz Wildabest queria falar comigo no gabinete dele e que se eu não estivesse lá daí a dez minutos «iam rolar cabeças». Lembras-te do Wildabest, não lembras? Foste tu que lhe deste a alcunha de Wild Beast[6], quando ele te repreendeu por teres deixado o teu Ferrari no estacionamento dele! — recordei, desatando-me a rir.

— Tinhas de lembrar isso, não tinhas? — ripostou Julian, os seus olhos denotando vestígios do seu antigo brilho malicioso, que outrora fora a sua imagem de marca.

— Seja como for, fui a correr para o tribunal e tive uma discussão com um dos funcionários. Quando voltei para o meu escritório, tinha vinte e sete mensagens telefónicas à minha espera, todas assinaladas como «urgente». É preciso eu continuar?

— Por favor.

— Bom, no caminho para casa, a Jenny ligou-me para o carro, a pedir para eu passar por casa da mãe dela, para ir buscar uma das famosas tartes da minha sogra. O problema é que, quando fiz o desvio para casa dela, dei comigo parado num dos piores engarrafamentos que tenho visto nos últimos tempos. Ali estava eu, a meio do trânsito da hora de ponta, com um calor estúpido, a tremer de stresse e a sentir que estava a perder cada vez mais tempo.

— E como é que reagiste?

— Roguei pragas ao trânsito — respondi com total sinceridade. — Pus-me aos gritos dentro do carro. Queres saber o que disse?

— Acho que esse não será propriamente o tipo de coisa adequada para alimentar o jardim da minha mente — respondeu Julian, com um ligeiro sorriso.

— Mas era capaz de dar um bom fertilizante.

---

6. Em português, «besta selvagem». *(N. da T.)*

— Não, muito obrigado. Acho que podemos parar por aqui. Agora, torna a olhar para o teu dia. Claro que, em retrospetiva, há pelo menos uma ou duas coisas que tu mudarias, se pudesses.

— Claro que sim.

— Tais como?

— Hum... Bom, em primeiro lugar, num mundo perfeito, eu levantar-me-ia mais cedo. Acho que não ganho nada em levantar-me à pressa e sair de casa a correr. Gostava de ter uns momentos de paz pela manhã e começar o dia com calma. A técnica do Coração da Rosa que me ensinaste há pouco parece-me engraçada. E também gostava de tomar o pequeno-almoço com a família toda sentada à mesa, nem que fosse só para comer uma taça de cereais. Dar-me-ia um certo equilíbrio. Sinto constantemente que não passo tempo suficiente com a Jenny e com os miúdos.

— Mas o mundo é perfeito e tu tens uma vida perfeita. Tens o poder de controlar o teu dia. Tens o poder de ter bons pensamentos. Tens o poder de realizar os teus sonhos! — comentou Julian, elevando o tom de voz.

— Começo a perceber que sim e a sentir que posso mudar.

— Ótimo. Continua a refletir sobre o teu dia — instruiu ele.

— Bom, quem me dera não ter gritado com o meu cliente. Quem me dera não ter discutido com o funcionário do tribunal e quem me dera não ter desatado aos gritos no trânsito.

— O trânsito não muda por causa dos teus gritos, pois não?

— Não, continua a ser simplesmente o trânsito — concluí.

— Acho que já percebeste o poder do Ritual da Reflexão Pessoal. Olhando para o que estás a fazer, para a maneira como ocupas o teu dia e os pensamentos que tens, dás a ti próprio uma bitola para medir o teu progresso. A única forma de melhorar o amanhã é sabendo o que fizeste de errado, hoje.

— E arranjar um plano claro para não tornar a cometer os mesmos erros? — acrescentei.

— Precisamente. Não há nada de mal em cometer erros. Os erros fazem parte da vida e são essenciais para o crescimento. É como diz o ditado: «A felicidade advém dos bons juízos de valor, os bons juízos de valor advêm da experiência e a experiência advém dos maus juízos de valor.» Mas sim, o que tem mal é cometer os mesmos erros vezes sem conta, todos os dias. Isto mostra uma total falta de autoconsciência, a qualidade que distingue o ser humano dos animais.

— Nunca tinha ouvido isso antes.

— Mas é verdade. Só um ser humano consegue sair de dentro de si mesmo e analisar o que está a fazer de certo e o que está a fazer de errado. Um cão não consegue fazê-lo. Uma ave não consegue fazê-lo. Nem sequer um macaco consegue fazê-lo. Mas tu podes. E é isto o Ritual da Reflexão Pessoal. Descobre o que está certo e errado no teu dia-a-dia e na tua vida. E, em seguida, começa imediatamente a fazer melhorias.

— Isto tudo dá que pensar, Julian. Dá muito que pensar — comentei, introspetivo.

— E que tal pensares no sexto ritual para uma vida radiosa? Chama-se o Ritual do Despertar Cedo.

— Ai ai, acho que já sei o que aí vem.

— Um dos melhores conselhos que recebi naquele longínquo oásis de Sivana foi levantar-me com o sol e começar bem o dia. A maior parte das pessoas dorme demasiado. Em média, uma pessoa pode viver só com seis horas de sono e continuar perfeitamente desperta e saudável. O sono não passa de um hábito e, como qualquer outro hábito, podes treinar-te para alcançares o objetivo que pretendes: neste caso, dormir menos.

— Mas se me levanto demasiado cedo, passo o dia a sentir-me de rastos — disse.

— Durante os primeiros dias, vais sentir-te muito cansado. Admito que sim. Até podes sentir-te assim durante a primeira semana em que te levantas bem cedinho. Mas vê isto, por favor, como uma pequena medida penosa para colheres frutos a longo prazo. Sentirás sempre um certo desconforto quando estás a instaurar um novo hábito. É como quando compras uns sapatos novos: no início, é um bocado difícil calçá-los mas, depois, eles ajustam-se aos pés como uma luva.

Como te disse antes, a dor é muitas vezes o precursor do crescimento pessoal. Não tenhas medo dela. Pelo contrário, abraça-a.

— Está bem, gosto da ideia de me habituar a levantar cedo. Mas, primeiro, deixa-me esclarecer o que entendes ao certo por «cedo».

— Outra excelente pergunta. Não há uma hora ideal. Como tudo o resto que partilhei contigo até aqui, tens de fazer o que é melhor para ti. Lembra-te do lema do Iogue Raman: «Nada de extremismos, tudo com moderação.»

— Levantar-me ao raiar do sol parece-me extremista.

— Mas olha que não é. Existem poucas coisas tão naturais como levantar-se com os primeiros raios gloriosos de sol. Os sábios acreditavam que o nascer do sol era uma dádiva dos céus e, embora tivessem cuidado para não se exporem demasiado, costumavam tomar banhos de sol regularmente e muitas vezes os vi a dançar ao sol da manhã. Acredito convictamente que este é outro segredo da sua extraordinária longevidade.

— Tu tomas banhos de sol? — perguntei.

— Claro que sim. O sol rejuvenesce-me. Quando estou cansado, alegra-me. Na antiga cultura oriental, pensava-se que o sol era uma ligação à alma. As pessoas veneravam-no, porque permitia que as suas colheitas florescessem a par com os seus espíritos. A luz do sol liberta o teu vigor e restaura a tua vitalidade emocional e física. É um médico maravilhoso, sempre que consultado com moderação, como é óbvio. Mas estou a divagar. A questão é levantar cedo, todos os dias.

— Hum... E como é que introduzo este ritual na minha rotina?

— Vou dar-te umas quantas sugestões. Em primeiro lugar, nunca te esqueças de que o que importa é a qualidade do sono e não a quantidade. É melhor dormir seis horas de sono profundo e contínuo do que dez horas de sono perturbado. A ideia é dar ao teu corpo o descanso suficiente, para que os seus processos naturais possam ser reparados e devolver à tua dimensão física o seu estado natural de saúde, um estado que é mitigado pelo stresse e pelas canseiras do dia-a-dia. Muitos dos hábitos dos sábios baseavam-se no princípio de que devemos lutar por um descanso de qualidade e não pela quantidade de sono. Por exemplo, o Iogue Raman nunca comia depois das oito da noite. Dizia que a atividade digestiva reduzia a qualidade do seu sono. Outro exemplo era o hábito dos sábios meditarem ao som suave de uma harpa, imediatamente antes de irem dormir.

— E porque é que o faziam?

— Deixa-me perguntar-te eu uma coisa, John. O que é que tu fazes todas as noites, antes de ires dormir?

— Vejo o noticiário com a Jenny, o mesmo que faz toda a gente que conheço.

— Foi o que eu pensei — respondeu Julian, com um brilho misterioso nos olhos.

— Não entendo. Que tem de mal ver as notícias antes de ir dormir?

— O período de dez minutos antes de adormeceres e o período de dez minutos depois de acordares exercem uma influência profunda na tua mente subconsciente. Nessas alturas, deves programar a tua mente para só ter pensamentos inspiradores e relaxantes.

— Pela maneira como falas, parece que a mente é um computador.

— É uma boa maneira de ver as coisas. O que tu pões na tua mente é o que recebes dela. Mais importante ainda é o facto de que só tu és o seu programador. Ao determinares os pensamentos que entram na tua mente, estás também a determinar precisamente o que vais receber dela. Portanto, antes de adormeceres, não vejas o noticiário nem discutas com ninguém, nem sequer revejas os acontecimentos do dia. Descontrai-te. Bebe uma chávena de chá herbal, por exemplo. Ouve música clássica e prepara-te para mergulhares suavemente num torpor delicioso e revigorante.

— Tem lógica. Quanto melhor durmo, menos sono preciso.

— Exatamente. E lembra-te da Regra Antiga do 21: se fizeres uma coisa durante vinte e um dias de seguida, ela tornar-se-á um hábito. Portanto, segue a rotina de levantar cedo durante cerca de três semanas, antes de desistires por ser desconfortável. Nessa altura, já fará parte da tua vida. E, dentro de pouco tempo, conseguirás levantar-te às cinco e meia da manhã, ou inclusive às cinco, com toda a facilidade, pronto para saborear o esplendor de mais um excelente dia.

— Está bem, imaginemos que me levanto todos os dias às cinco e meia. Que faço eu depois?

— As tuas perguntas mostram que estás a raciocinar, meu amigo, o que me agrada muitíssimo. Assim que te levantas, há muitas coisas que podes fazer. O princípio fundamental a ter em mente é a importância de *começar bem o dia*. Como sugeri, os pensamentos que tens e os atos que fazes nos primeiros dez minutos depois de acordares exercem um profundo efeito no resto do teu dia.

— A sério?

— A sério. Pensa em coisas positivas. Agradece por tudo o que tens. Elabora uma lista de agradecimentos. Ouve música boa. Vê o sol nascer, ou vai dar um passeio rápido pela natureza, se estiveres com vontade. Os sábios chegavam ao ponto de provocar o riso, só para estimularem a felicidade logo pela manhã.

— Julian, estou a tentar ao máximo manter a minha chávena vazia e tens de concordar que me estou a sair bastante bem para um noviço. Mas isso parece-me tão estranho, mesmo no contexto de um grupo de monges no meio dos Himalaias.

— Mas não é. Adivinha quantas vezes uma criança de quatro anos ri, em média, por dia?

— E eu lá sei??

— Pois sei eu. Trezentas vezes. Agora adivinha a quantidade de vezes que um adulto, na nossa sociedade, ri durante um dia?

— Cinquenta? — sugeri.

— Quinze — respondeu Julian, sorrindo de satisfação. — Estás a perceber aonde quero chegar? Rir é o melhor remédio para a alma. Mesmo que não tenhas vontade, vê-te ao espelho e ri-te durante uns minutinhos. Vais ver que te sentes fantástico. William James disse: «Não nos rimos por estarmos felizes. Estamos felizes por nos rirmos.» Portanto, começa o teu dia de uma maneira deliciosa. Ri-te, brinca e dá graças por tudo o que tens. Todos os dias serão profundamente gratificantes.

— Como é que se faz para começar o dia de uma maneira positiva?

— Olha, eu desenvolvi uma rotina matinal bastante sofisticada, que inclui tudo, desde o Coração da Rosa a beber dois copos de sumo de fruta acabadinho de fazer. Mas há uma estratégia, em particular, que gostaria de partilhar contigo.

— Parece coisa importante.

— E é. Pouco depois de acordares, refugia-te no teu santuário de silêncio. Descontrai-te e concentra-te. Em seguida, faz a ti próprio a seguinte pergunta: «Que faria eu hoje, se este fosse o último dia da minha vida?» O truque é ir mesmo ao fundo da questão. Elabora uma lista mental de todas as coisas que farias, das pessoas a quem telefonarias e dos momentos que te dariam prazer. Imagina-te a fazer estas coisas com grande energia. Visualiza como é que tratarias a tua família e os teus amigos. Imagina inclusivamente como tratarias perfeitos desconhecidos, se hoje fosse o teu último dia à face da terra. Como te disse antes, quando vives cada dia como se fosse o último, a tua vida ganha proporções mágicas. O que me leva ao sétimo ritual para uma vida radiosa: o Ritual da Música.

— Acho que vou adorar esse ritual — respondi.

— De certeza que sim. Os sábios adoravam música. Dava-lhes um estímulo espiritual, da mesma maneira que o sol os revigorava. O mesmo acontecerá contigo. Nunca te esqueças do poder da música. Gasta uns instantes, todos os dias, nem que seja a ouvir uma peça suave numa cassete enquanto conduzes até ao escritório. Quando te sentires em baixo ou cansado, ouve música. É um dos melhores estímulos que conheço.

— Tu também és! — exclamei com toda a sinceridade. — Só de ouvir-te, sinto-me logo melhor. Realmente mudaste, Julian e não foi só por fora. Perdeste aquele teu cinismo. Perdeste a tua antiga negatividade. Perdeste a tua velha agressividade. Pareces, de facto, em paz contigo mesmo. Comoveste-me, esta noite.

— Mas ainda há mais! — gritou Julian, de punho no ar. — Vamos continuar.

— Nem eu quero outra coisa.

— Ótimo. O oitavo ritual é o Ritual da Palavra Falada. Os sábios tinham uma série de mantras que recitavam todos os dias, de manhã, à tarde e à noite. Disseram-me que esta prática era altamente eficaz para se manterem concentrados, fortes e felizes.

— O que é um mantra? — perguntei.

— Um mantra é apenas um conjunto de palavras associadas umas às outras para criarem um efeito positivo. Em sânscrito, *man* significa «mente» e *tra* significa «libertar». Portanto, mantra é uma expressão concebida para libertar a mente. E acredita em mim, John, os mantras conseguem este resultado de uma maneira muito poderosa.

— Tu usas mantras na tua rotina diária?

— Claro que uso. São os meus fiéis companheiros, onde quer que eu vá. Quer esteja no autocarro, a caminhar até à biblioteca ou a ver o mundo passar, sentado num parque, estou constantemente a afirmar tudo o que há de bom no meu mundo através de mantras.

— Portanto, os mantras são feitos oralmente?

— Não têm de ser. As afirmações escritas também são muito eficazes. Mas descobri que repetir um mantra em voz alta tem um efeito maravilhoso no meu espírito. Quando preciso de me sentir motivado, sou capaz de repetir em voz alta: «Estou inspirado, disciplinado e cheio de energia», duzentas ou trezentas vezes. Para manter a sensação suprema de autoconfiança que cultivei, repito: «Sou forte, capaz e sereno.» Utilizo inclusivamente os mantras para me manter jovem e vigoroso — explicou Julian.

— Como é que um mantra pode manter-te jovem?

— As palavras afetam a mente de uma maneira muito acentuada. Quer sejam faladas, quer escritas, são poderosas influências. Embora o que tu digas às outras pessoas seja importante, ainda mais importante é o que dizes a ti mesmo.

— O que digo para os meus botões?

— Exatamente. Tu és aquilo que pensas durante o dia inteiro. És também o que dizes para ti mesmo o dia inteiro. Se dizes que estás velho e cansado, este mantra manifestar-se-á na tua realidade exterior. Se dizes que estás fraco e sem entusiasmo, também isso será a natureza do teu mundo. Mas se disseres que és saudável, dinâmico e que estás bem vivo, a tua vida transformar-se-á. As palavras que dizes para ti mesmo afetam a tua autoimagem e a tua autoimagem determina as ações que fazes. Por exemplo, se a tua autoimagem for de uma pessoa sem confiança para fazer seja o que for de valor, só conseguirás agir em consonância com isso. Por outro lado, se a tua autoimagem for a de um indivíduo radiante e destemido, todos os teus atos corresponderão a esta qualidade. A tua autoimagem é uma espécie de profecia que se cumpre a si mesma.

— Em que sentido?

— Se acreditares que és incapaz de fazer determinada coisa, digamos, por exemplo, de encontrar o parceiro perfeito ou viver uma vida sem stresse, as tuas crenças afetarão a tua autoimagem. Por sua vez, a tua autoimagem vai impedir-te de dares os passos certos para encontrares o parceiro perfeito ou criar uma vida serena. No fundo, vai sabotar todos os esforços que fizeres nesse sentido.

— Porque é que funciona assim?

— É muito simples. A tua autoimagem é uma espécie de governador. Nunca te deixará agir de uma maneira que seja inconsistente com ela. O segredo é que podes mudar a tua autoimagem, tal como podes mudar tudo o resto na tua vida, se não estiver a beneficiá-la. Os mantras são um excelente modo de alcançar esse objetivo.

— E quando mudo o meu mundo interior, mudo também o meu mundo exterior — repeti como um aluno obediente.

— Bom, estou a ver que aprendes depressa — comentou Julian, levantando o polegar, como costumava fazer nos seus tempos de advogado topo de gama.

»O que nos leva ao nono ritual para uma vida radiosa. Trata-se do Ritual do Carácter Coerente. É uma espécie de derivado do conceito de autoimagem que acabámos de analisar. Em termos simples, este ritual requer que, todos os dias, tomes medidas para construir o teu carácter. Fortalecer o teu carácter afeta a maneira como te vês a ti mesmo e aos teus atos. Os teus atos unem-se para formar os teus hábitos e, isto é importante, os teus hábitos conduzem-te ao teu destino. O Iogue Raman exprimiu esta fórmula muito bem, ao dizer: «Mostra um pensamento e colherás uma ação. Colhe uma ação e cultivarás um hábito. Mostra um hábito e colherás um carácter. Cultiva um carácter e colherás o teu destino.»

— Que tipo de coisas devo fazer para construir o meu carácter?

— Tudo o que cultivar as tuas virtudes. Antes que me perguntes o que entendo por «virtudes», deixa-me esclarecer este conceito. Os sábios dos Himalaias acreditavam piamente que uma vida virtuosa é uma vida cheia de significado. Portanto, geriam todas as suas ações em consonância com uma série de princípios intemporais.

— Mas não tinhas dito que eles geriam as suas vidas de acordo com os seus objetivos e missões?

— Sim, é bem verdade, mas a vocação das suas vidas incluía viver de uma maneira coerente com estes princípios, princípios esses que os seus antepassados acarinhavam há milhares de anos.

— Que princípios são esses, Julian? — perguntei.

— São, em resumo: empenho, compaixão, humildade, paciência, honestidade e coragem. Quando todas as tuas ações forem coerentes e consonantes com estes princípios, sentirás uma profunda sensação de harmonia e paz interior. Viver desta maneira vai levar-te inevitavelmente ao sucesso espiritual. Isto porque estarás a fazer o que é certo. Estarás a agir de uma maneira que está de acordo com as leis da natureza e do universo. É então que começarás a penetrar na energia de outra dimensão, chamemos-lhe um poder superior, se quiseres. É então que a tua vida passará também do reino do ordinário para o reino do extraordinário e começarás a sentir a sacralidade do teu ser. É o primeiro passo para uma vida inteira de esclarecimento.

— Já sentiste isso? — perguntei.

— Já e acredita que tu também hás de sentir. Faz as coisas certas. Age de uma maneira que seja congruente com o teu verdadeiro carácter. Age com integridade. Deixa-te guiar pelo teu coração. O resto acontecerá naturalmente. Nunca estás só, espero que tenhas noção disso — respondeu Julian.

— O que é que queres dizer?

— Noutra altura explico. Por agora, lembra-te de que deves fazer pequenas coisas, todos os dias, para construíres o teu carácter. Como escreveu Emerson: «O carácter está acima do intelecto. Uma grande alma será forte para viver e para pensar.» O teu carácter é construído quando ages de uma forma que corresponde aos princípios que acabei de enumerar. Se não fizeres isto, não encontrarás a verdadeira felicidade.

— E o último ritual?

— Esse é o importantíssimo Ritual da Simplicidade. Este ritual requer que vivas uma vida simples. Como disse o Iogue Raman: «Nunca devemos viver imersos em pequenas coisas. Concentra-te apenas nas tuas prioridades, nas atividades que são verdadeiramente significativas. A tua vida tornar-se-á simples, gratificante e excecionalmente pacífica. Prometo-te.»

»E ele tinha razão — prosseguiu Julian. — Assim que comecei a separar o trigo do joio, a minha vida encheu-se de harmonia. Parei de viver ao ritmo frenético a que me habituara. Parei de viver no centro de um tornado. Em vez disso, abrandei o passo e parei para cheirar as rosas, como diz o provérbio.

— O que é que fizeste para cultivar a simplicidade?

— Parei de usar roupas caras, libertei-me do meu vício de comprar seis jornais por dia, parei de estar disponível para toda a gente a toda a hora, tornei-me vegetariano e comecei a comer menos. Basicamente, reduzi as minhas necessidades. A menos que reduzas as tuas necessidades, John, nunca estarás satisfeito. Serás sempre como um jogador em Las Vegas, que fica agarrado à roda da roleta «só mais uma voltinha», na esperança de que saia o teu número da sorte. Quererás sempre mais do que tens. Como podes ser feliz assim?

— Mas, antes, disseste-me que a felicidade advém da conquista. Agora estás a dizer-me para reduzir as minhas necessidades e contentar-me com menos. Não é um paradoxo?

— Excelente questão, John. Aliás, brilhante. Pode parecer uma contradição, mas não é. A felicidade duradoura advém da conquista dos teus sonhos. Estás bem quando estás a avançar para a frente.

O segredo é não deixar que a tua felicidade dependa de encontrares o pote de ouro ao fundo do arco-íris. Por exemplo, embora eu fosse milionário, convenci-me a mim mesmo de que o sucesso significava ter trezentos milhões de dólares na minha conta bancária. Foi a morte do artista.

— Trezentos milhões? — repeti, incrédulo.

— Trezentos milhões. Portanto, por mais que tivesse, nunca estava satisfeito. Sentia-me sempre infeliz. Não passava de mera ganância. Agora, consigo admiti-lo à vontade. Era uma história como a do Rei Midas. Com certeza que a conheces!

— Claro. O homem que gostava tanto de ouro que rezou para que tudo em que tocasse se transformasse em ouro. Quando o seu desejo lhe foi concedido, ficou exultante. Até perceber que não podia comer, porque a própria comida se transformava em ouro e por aí fora.

— Correto. Tal como o Rei Midas, eu dava tanta importância ao dinheiro que não conseguia apreciar o que tinha. Sabes que cheguei a um ponto em que só conseguia comer pão e água — confessou Julian, ficando calado e pensativo.

— Estás a falar a sério? Sempre pensei que comias nos melhores restaurantes, com todas aquelas celebridades com quem costumavas andar.

— Isso foi no início. Poucas pessoas sabem disto, mas o peso do meu estilo de vida desregrado provocou-me uma úlcera. Nem sequer conseguia comer um cachorro quente sem ficar maldisposto. Que vida! Tanto dinheiro e só aguentava pão e água no estômago. Era uma tristeza. — Julian retomou o fio à meada. — Mas não gosto de viver no passado. Eis outra grande lição da vida. Como te disse antes, a dor é um excelente mestre. Para ultrapassar a dor, primeiro tive de senti-la. Não estaria onde estou hoje sem ter passado por ela — rematou, estoicamente.

— E como é que eu posso aplicar o Ritual da Simplicidade à minha vida? Aceitam-se sugestões — disse eu.

— Há tantas coisas que podes fazer. Mesmo as mais pequenas fazem uma diferença enorme.

— Tais como?

— Para de atender o telefone sempre que toca, para de perder tempo a ler correspondência não solicitada, para de comer fora três vezes por semana, desiste de ser sócio do clube de golfe e passa mais tempo com os teus filhos, deixa o relógio em casa uma vez por semana, vê o sol nascer de quando em quando, vende o teu telemóvel e livra-te do *pager*. É preciso dar-te mais exemplos?

— Já percebi. Mas, vender o telemóvel? — perguntei, ansioso, sentindo-me como se sentirá um bebé ao ouvir o médico sugerir que se corte o cordão umbilical.

— Como disse, o meu dever é partilhar contigo a sabedoria que aprendi na minha viagem. Não tens de aplicar todas as estratégias para que a tua vida resulte. Experimenta as técnicas e utiliza as que te parecerem adequadas.

— Eu sei. Nada de extremos, tudo em quantidades moderadas.

— Precisamente.

— Tenho de admitir que todas as tuas estratégias parecem excelentes. Mas será que realmente vão mudar a minha vida profundamente, em apenas trinta dias?

— Vai demorar menos do que trinta dias... e mais ainda — disse Julian, com o seu característico sorriso malicioso.

— Cá vamos nós. Explicai-vos, ó Sábio.

— «Julian» é mais do que suficiente, embora o «Sábio» ficasse muito bem no meu antigo papel de carta — ripostou ele, a brincar. — Digo que vai demorar menos de trinta dias, porque a verdadeira mudança de vida é espontânea.

— Espontânea?

— Sim, acontece num piscar de olhos, no preciso instante em que decides, bem lá no fundo de ti, que vais elevar a tua vida ao seu nível mais sublime. Nesse instante, serás uma pessoa diferente, uma pessoa a caminho de conquistar o seu destino.

— E porquê mais do que trinta dias?

— Prometo-te que, ao utilizares estas estratégias e instrumentos, verificarás grandes melhorias na tua vida, no espaço de um mês a contar a partir de hoje. Terás mais energia, menos preocupações, mais criatividade e menos stresse em todas as facetas da tua vida. Tendo dito isto, os métodos dos sábios não são imediatistas. São tradições intemporais, concebidas para serem aplicadas todos os dias, para o resto da tua vida. Se parares de as aplicares, verás que tornas a cair nos teus velhos hábitos.

Julian fez uma pausa depois de me explicar os Dez Rituais para uma vida radiosa.

— Sei que queres que eu continue, portanto vou fazê-lo. Acredito com tanta convicção naquilo que estou a partilhar contigo que não me importo de passar a noite acordado. Talvez seja uma boa hora para aprofundar um pouco mais algumas questões.

— O que é que queres dizer ao certo? Acho que *tudo* o que ouvi é suficientemente profundo — comentei, surpreendido.

— Os segredos que te expliquei vão-te permitir, a ti e a todos os que tiverem contacto contigo, criar as vidas que desejam. Mas a filosofia dos Sábios de Sivana vai muito mais fundo do que possa parecer à primeira vista. O que te ensinei até aqui é extremamente prático. Mas tens de ter alguns conhecimentos sobre a corrente espiritual subjacente aos princípios que destaquei. Se não compreenderes o que estou a dizer, não te preocupes. Por agora, limita-te a ouvir e a ruminar estas informações durante um pouco e deixa a digestão para mais tarde.

— Quando o aluno está pronto, o professor aparece?

— Precisamente — respondeu Julian, com um sorriso. — Sempre foste rápido a aprender.

— Está bem, ouçamos então a parte espiritual — disse eu, cheio de energia, sem saber que eram quase duas e meia da manhã.

— Dentro de ti encontra-se o sol, a lua, o céu e todas as maravilhas deste universo. A inteligência que criou essas maravilhas é a mesma força que te criou a ti. Todas as coisas à tua volta provêm da mesma fonte. Todos somos um.

— Não sei se estou a perceber.

— Todos os seres à face da terra, todos os objetos da terra têm uma alma. Todas as almas confluem numa só, a Alma do Universo.

Quando alimentas a tua mente e o teu espírito, John, estás a alimentar a Alma do Universo. Quando te aperfeiçoas a ti mesmo, estás a melhorar as vidas de todos os que te rodeiam. E quando tens a coragem de avançar confiantemente na direção dos teus sonhos começas a reunir o poder do universo. Como te disse antes, a vida dá-te o que tu lhe pedes. Está sempre à escuta.

— Portanto, o autodomínio e o *kaizen* vão ajudar-me a ajudar os outros, ajudando-me a ajudar-me a mim mesmo?

— É mais ou menos isso. Quando enriqueceres a tua mente, cuidares do teu corpo e alimentares o teu espírito, começarás a compreender ao certo o que estou a dizer.

— Julian, eu sei que as tuas intenções são boas. Mas o autodomínio é um ideal muito elevado para um homem de cem quilos, pai de família, que, até agora, passou mais tempo a desenvolver a sua lista de clientes do que a desenvolver o seu próprio potencial. O que acontecerá se eu fracassar?

— Fracassar é não ter a coragem de tentar e nada mais. A única coisa que impede as pessoas de conquistarem os seus sonhos é o medo do fracasso. E, no entanto, o fracasso é essencial para o sucesso em qualquer área. O fracasso põe-nos à prova e permite-nos crescer. Oferece-nos lições e orienta-nos no caminho do esclarecimento. Os professores do Oriente dizem que todas as setas que acertam em cheio no alvo são o resultado de cem disparos ao lado. É uma lei fundamental da natureza aprender com o fracasso. Nunca tenhas medo de falhar. O fracasso é teu amigo.

— Estás a dizer que devo aceitar o fracasso de braços abertos? — perguntei, incrédulo.

— O universo favorece os corajosos. Quando decidires, de uma vez por todas, elevar a tua vida ao seu ponto mais alto, a força da tua alma guiar-te-á. O Iogue Raman acreditava que o destino de todas as pessoas estava traçado à nascença. Este caminho conduz sempre a um lugar mágico, recheado de magníficos tesouros. Cabe a cada indivíduo ter a coragem de percorrê-lo. Ele contou-me uma história que eu gostaria de partilhar agora contigo. Uma vez, na antiga Índia, havia um gigante malévolo, senhor de um imponente castelo com vista sobre o mar. Como o gigante estivera ausente durante muitos anos a lutar em várias guerras, as crianças da aldeia vizinha costumavam brincar no belo jardim do gigante. Um dia, o gigante regressou e pôs as crianças na rua. «Nunca mais cá venham!», gritou ele, revoltado, batendo com a enorme porta de carvalho. Em seguida, ergueu um enorme muro de mármore à volta do jardim, para impedir que as crianças lá entrassem.

»Chegou o inverno com um frio terrível, típico das regiões mais a norte do subcontinente indiano e o gigante desejou que o calor voltasse rapidamente. A primavera veio visitar a aldeia aos pés do castelo do gigante, mas as garras geladas do inverno recusavam-se a abandonar o jardim dele. Até que, um dia, o gigante sentiu finalmente as fragrâncias da primavera e o calor do sol a incidir nas suas janelas. «A primavera chegou, finalmente!», gritou ele, correndo para o jardim. Mas o gigante não fazia ideia do que lá ia encontrar. As crianças da aldeia tinham conseguido, de alguma maneira, trepar o muro do castelo e estavam a brincar no jardim. Fora a sua presença que transformara o antigo jardim invernal e desterrado num espaço fértil, cheio de rosas, narcisos e orquídeas. Todas as crianças riam e brincavam, menos uma. Pelo canto do olho, o gigante viu um menino, que era muito mais pequeno do que as outras crianças. As lágrimas escorriam-lhe dos olhos, porque não tinha força suficiente para trepar o muro do jardim. O gigante teve pena do menino e, pela primeira vez na vida, arrependeu-se da sua maldade. «Vou ajudar esta criança», disse ele, correndo para o menino. Quando todas as outras crianças viram o gigante, fugiram do jardim a sete pés, com medo. Mas o menino pequenino ficou quieto onde estava. «Vou matar o gigante», gaguejou ele. «Vou defender o nosso jardim.»

»Quando o gigante se aproximou do menino, abriu os braços e anunciou: «Sou teu amigo e venho ajudar-te a trepar o muro para vires brincar para o jardim, que agora é teu.» O menino, que assim se tornou um herói entre as crianças, regozijou-se de felicidade e deu ao gigante o colar de ouro que trazia sempre ao pescoço. «Este é o meu amuleto», explicou. «Quero que fiques com ele.»

»A partir desse dia, as crianças brincaram com o gigante no seu maravilhoso jardim. Mas o menino corajoso que o gigante adorava nunca mais voltou. À medida que o tempo foi passando, o gigante ficou doente e debilitado. As crianças continuaram a brincar no jardim, mas o gigante já não tinha força para lhes fazer companhia. Nesses dias calmos, era no menino que o gigante mais pensava.

»Um dia, a meio de um inverno particularmente rigoroso, o gigante espreitou pela janela e viu um verdadeiro milagre: embora a maior parte do jardim estivesse coberto de neve, no centro estava uma magnífica roseira, pejada de espetaculares flores coloridas. Junto das rosas, encontrava-se o menino que o gigante adorava. O menino sorria docemente. O gigante dançou de felicidade e correu para abraçar a criança. «Onde te meteste estes anos todos, meu querido amigo? Tive tantas saudades tuas!»

»O menino pensou antes de responder. «Há muitos anos, ajudaste-me a trepar o muro do teu jardim mágico. Agora, vim buscar-te para conheceres o meu próprio jardim.» Mais tarde, nesse mesmo dia, quando as crianças vieram visitar o gigante, encontraram-no sem vida, no chão. Estava coberto da cabeça aos pés por milhares de lindas rosas.

»Sê sempre corajoso, John, como o menino da história. Defende os teus princípios e segue os teus sonhos. Eles conduzir-te-ão ao teu destino. Segue o teu destino e ele conduzir-te-á às maravilhas do universo. E segue sempre as maravilhas do universo, pois elas conduzir-te-ão a um jardim especial, recheado de rosas.

Quando olhei para Julian, para lhe dizer que a sua história me comovera profundamente, vi uma coisa que me deixou estupefacto: aquele gladiador jurídico, duro como pedra, que passara grande parte da sua vida a defender os ricos e famosos, começara a chorar.

Sumário do Capítulo 9
A sabedoria de Julian em Poucas Palavras

O símbolo

A virtude

Praticar o *Kaizen*

A sabedoria

- O autodomínio é o ADN do domínio da vida
- O sucesso exterior começa por dentro
- O esclarecimento advém do cultivo consistente da tua mente, corpo e alma

As técnicas

- Faz aquilo que temes
- Os dez rituais antigos para uma vida radiosa

Citação

O universo favorece os corajosos. Quando decidires elevar a tua vida ao seu ponto mais alto, a força da tua alma guiar-te-á a um lugar mágico recheado de magníficos tesouros.

O Monge Que Vendeu o Seu Ferrari

10

O poder da disciplina

Tenho a certeza de que hoje somos senhores do nosso destino, que a tarefa que temos perante nós não está acima das nossas forças; que as aplicações e dificuldades que ela acarreta não estão para lá da minha capacidade de resistência física. Enquanto tivermos fé na nossa própria causa e uma indomitável vontade de ganhar, a vitória não nos será negada.

WINSTON CHURCHILL

Julian continuou a usar a fábula mística do Iogue Raman como pedra angular da sabedoria que estava a partilhar comigo. Falara-me do jardim que é a mente, um armazém de poder e potencial. Através do símbolo do farol, contara-me a importância suprema de definir uma missão na vida e da eficácia de estabelecer objetivos. Através do exemplo do lutador japonês de *sumo*, de um metro e noventa e quinhentos quilos, eu compreendera o conceito intemporal de *kaizen* e a abundância de recompensas que advêm do autodomínio. Nem eu sonhava que o melhor ainda estava para vir.

— Lembras-te, com certeza, que o nosso amigo lutador de *sumo* estava completamente nu.

— Exceto pelo cabo cor-de-rosa a cobrir-lhe as partes privadas — interrompi, em tom de brincadeira.

— Correto — respondeu Julian, contente. — O cabo cor-de-rosa serve para te recordar o poder do autocontrolo e da disciplina na construção de uma vida mais rica, feliz e esclarecida. Os meus professores de Sivana eram indubitavelmente as pessoas mais saudáveis, satisfeitas e serenas que conheço. Eram também as mais disciplinadas. Estes sábios ensinaram-me que a virtude da autodisciplina era como um cabo de metal. Já alguma vez te deste ao trabalho de analisar um cabo de metal, John?

— Não tem sido uma das minhas prioridades, não — confessei, com um sorriso.

— Pois, quando puderes, fá-lo. Verás que consiste em muitos fios de metal fininhos, colocados uns em cima dos outros. Por si só, são frágeis e fracos. Mas, juntos, a sua soma é muito maior do que as suas partes componentes e o cabo torna-se mais resistente do que ferro. O mesmo se passa com o autocontrolo e a força de vontade. Para construir uma vontade de ferro, é crucial fazer pequeninos atos em homenagem à virtude da disciplina pessoal. Se efetuados rotineiramente, estes pequeninos atos assentam uns sobre os outros e acabam por gerar uma abundância de força interior. Há um velho ditado africano que exprime muito bem este conceito: «Juntas, umas meras teias de aranha têm força suficiente para prender um leão.» Quando libertas a tua força de vontade, tornas-te mestre do teu mundo pessoal. Quando praticas continuamente a antiga arte do autogoverno, não há obstáculo que não consigas superar, nem desafio que não consigas enfrentar, nem crise que não consigas resolver. A autodisciplina dá-te as reservas mentais necessárias para perseverares, quando a vida coloca obstáculos no teu caminho.

»Tenho de alertar-te para o facto de que a falta de força de vontade é uma doença mental — acrescentou Julian, para surpresa minha. — Se sofres deste mal, tem de ser prioridade tua vencê-lo rapidamente. Uma abundância de força de vontade e de disciplina é uma das principais qualidades das pessoas com um carácter forte e uma vida maravilhosa. A força de vontade permite-te fazer tudo aquilo que disseste que querias fazer, dentro do prazo que estabeleceste. É a força de vontade que te permite levantar às cinco da manhã para cultivares a tua mente através da meditação, ou para alimentares o teu espírito com um passeio pelo mato, quando a tua cama confortável te atrai num rigoroso dia de inverno. É a força de vontade que te permite refrear a língua, quando alguém te insulta ou faz uma coisa que te desagrada. É a força de vontade que impele os teus sonhos, quando tudo parece estar contra ti. É a força de vontade que te concede o poder interior para honrares os teus compromissos com terceiros e, acima de tudo, contigo mesmo.

— É assim tão importante?

— Sem dúvida, meu amigo. É a virtude essencial de todas as pessoas que criaram vidas cheias de paixão, possibilidade e paz de espírito.

Julian levou a mão ao manto e retirou um reluzente medalhão de prata, daqueles que se veem expostos na ala egípcia de um museu.

— Não era preciso teres comprado uma prenda — disse eu, a brincar.

— Os Sábios de Sivana ofereceram-me este medalhão, na última noite que passei com eles. Foi uma bela celebração, organizada pelos membros de uma família que vivia a vida na sua plenitude. Foi uma das noites mais bonitas e mais tristes da minha vida. Não queria abandonar o Nirvana de Sivana. Era o meu santuário, um oásis de tudo o que há de bom neste mundo. Os sábios haviam-se tornado os meus irmãos e irmãs espirituais. Naquela noite, deixei uma parte de mim nos Himalaias — concluiu Julian, falando num sussurro.

— O que é que está inscrito no medalhão?

— Eu leio-to. Nunca te esqueças destas palavras, John. Ajudaram-me profundamente nos momentos difíceis. Espero que também te reconfortem, nos teus momentos de dificuldade. Dizem o seguinte:

Através de uma disciplina de aço, forjarás um carácter cheio de coragem e de paz. Através da virtude da vontade, estás destinado a elevar-te ao ideal supremo da vida e a viver numa mansão paradisíaca, recheada de tudo o que há de bom, alegre e vital. Sem elas, estás perdido como um marinheiro sem bússola, que acaba por afundar o seu navio.

— Nunca tinha pensado a sério na importância do autocontrolo, embora já tenha passado por situações em que desejava ter sido mais disciplinado — confessei. — Estás a dizer que posso fortalecer a disciplina, da mesma maneira que o meu filho adolescente fortalece os bíceps, no ginásio do bairro?

— Excelente analogia. Tu moldas a tua força de vontade, da mesma maneira que o teu filho molda o corpo, no ginásio. Qualquer pessoa, por mais fraca ou letárgica que seja, pode tornar-se disciplinada, num espaço de tempo relativamente curto. O Mahatma Gandhi é um bom exemplo disso. Quando a maior parte das pessoas pensa neste santo dos tempos modernos, lembra-se de um homem que conseguia passar semanas a fio sem comer, para lutar pela sua causa, e suportar terríveis provações em nome das suas convicções. Mas quando se estuda a vida de Gandhi, percebe-se que ele não foi sempre um mestre do autocontrolo.

— Não me vais dizer que Gandhi era um viciado em chocolate, ou vais?

— Não, John. Quando Gandhi era um jovem advogado na África do Sul, tinha propensão para ataques de mau feitio e a disciplina do jejum e da meditação eram-lhe conceitos tão desconhecidos como o simples pano branco que, anos mais tarde, se tornou a sua imagem de marca.

— Estás a querer dizer que, com um treino e uma preparação adequados, eu posso ter a mesma força de vontade que o Mahatma Gandhi?

— Não há duas pessoas iguais, John. Um dos princípios fundamentais que o Iogue Raman me ensinou foi que as pessoas verdadeiramente esclarecidas nunca tentam ser iguais às outras. Pelo contrário, tentam ser superiores ao seu antigo eu. Não corras contra os outros. Corre contra ti próprio — aconselhou Julian. — Quando uma pessoa tem autocontrolo, tem também a determinação necessária para fazer tudo o que sempre quis. No teu caso, poderá ser treinar para uma maratona ou dominar a arte da canoagem em rápidos, ou abandonar a advocacia para te tornares artista. Seja qual for o teu sonho, riqueza material ou riqueza espiritual, eu não estou aqui para te julgar. Quero simplesmente dizer-te que todas essas coisas estão ao teu alcance, se fomentares as tuas reservas adormecidas de força de vontade.

Julian acrescentou:

— Construir o autocontrolo e a disciplina na tua vida também te darão uma espantosa sensação de liberdade. Só isto basta para mudar muitas coisas.

— Como?

— A maior parte das pessoas tem liberdade. Podem ir aonde quiserem e fazer as coisas que lhes apetecer. Mas o que eu vejo é demasiadas pessoas a coartar os seus impulsos. Tornaram-se reativas em vez de proativas, o que significa que são como a espuma do mar a bater contra as rochas, arrastadas ao sabor da corrente. Se estão com a família e telefona uma pessoa do trabalho a dizer que tem uma crise em mãos, elas nem pensam, vão logo a correr, não param para pensar qual das atividades é mais importante para o seu bem-estar geral e para a missão da sua vida. Portanto, depois de tudo o que vi na minha vida, quer aqui, no Ocidente, quer no Oriente, acho que as pessoas têm muita liberdade de movimento, mas falta-lhes liberdade de pensamento. Falta-lhes um ingrediente básico para uma vida preenchida e iluminada: a liberdade de ver a floresta para lá das árvores, a liberdade de escolher o que é certo sobre o que é urgente.

Não pude deixar de concordar com Julian. Realmente eu tinha poucas razões de queixa. Uma família excelente, uma casa confortável e um escritório cheio de clientes. Mas não podia dizer que tinha alcançado a liberdade. O meu *pager* era um apêndice do meu corpo. Eu andava sempre a correr. Nunca parecia ter tempo para comunicar a sério com a Jenny e cada vez mais se me afigurava impossível arranjar uns instantes de sossego para mim próprio. Tão impossível como ir correr a maratona, no futuro imediato. Quanto mais pensava nisso, mais me apercebia de que, provavelmente, quando era mais novo, nunca provara o néctar da verdadeira liberdade sem limites. Acho que, no fundo, era um escravo dos meus impulsos mais fracos. Fiz sempre o que toda a gente me mandou fazer.

— E fortalecer a minha força de vontade vai-me dar mais liberdade?

— A liberdade é como uma casa: constrói-se tijolo a tijolo. O primeiro tijolo que deves assentar é o da força de vontade. Esta qualidade motiva-te para fazeres o que é certo em determinado momento. Dá-te energia para agires com coragem. Dá-te controlo para viveres a vida que imaginaste, em vez de aceitares a vida que tens.

Julian salientou também que o cultivo da disciplina traz muitos benefícios práticos.

— Podes não acreditar, mas o poder da tua vontade pode apagar o hábito da preocupação, manter-te saudável e dar-te mais energia do que jamais tiveste. No fundo, John, o autocontrolo é simplesmente o controlo da mente. A vontade é a rainha dos poderes mentais. Quando dominas a tua mente, dominas a tua vida. O domínio mental começa por seres capaz de controlar todos os pensamentos que te passam pela cabeça. Quando tiveres desenvolvido a capacidade de eliminar todos os pensamentos fracos e te concentrares apenas naqueles que são positivos e bons, seguir-se-ão atos positivos e bons. E, daí a nada, estarás a atrair para a tua vida tudo o que há de positivo e bom.

»Deixa-me dar-te um exemplo. Digamos que um dos teus objetivos de desenvolvimento pessoal é levantares-te todas as manhãs às seis horas e fazeres uma corrida no parque atrás da tua casa. Imaginemos que estamos em pleno inverno e que o teu despertador te acorda de um sono profundo e relaxante. O teu primeiro instinto é desligar o despertador e tornar a adormecer. Talvez no dia seguinte consigas cumprir a tua resolução. Este padrão repete-se durante uns dias, até que decides que és demasiado velho para mudar de comportamento e que o teu objetivo de alcançar uma boa forma física é demasiado irrealista.

— Conheces-me demasiado bem — comentei, com toda a sinceridade.

— Agora, imaginemos uma situação alternativa. Continuamos em pleno inverno. O despertador toca e tu começas a pensar em ficar na cama. Mas em vez de seres um escravo dos teus hábitos, desafia-los com pensamentos mais poderosos. Começas a visualizar a tua aparência, os teus sentimentos e atos, quando estiveres no auge da tua forma física. Ouves os elogios que os teus colegas de trabalho te fazem, quando passas por eles com um físico elegante e esguio. Concentras-te em tudo o que farás com o aumento de energia que o exercício físico te dará. Chega de noites passadas à frente do televisor, por estares demasiado cansado para fazer seja o que for, depois de um longo dia em tribunal. Os teus dias enchem-se de vigor, entusiasmo e significado.

— Mas, digamos que eu faço isso tudo, mas continuo com vontade de voltar a adormecer em vez de ir fazer uma corrida?

— No início, nos primeiros dias, vais ter uma certa dificuldade em contrariar os teus velhos hábitos. Mas o Iogue Raman acreditava profundamente num princípio intemporal: *o positivo supera sempre o negativo*. Se continuares a declarar guerra contra os pensamentos mais fracos que podem ter entrado à socapa, ao longo dos anos, no palácio que é a tua mente, acabarás por ver que eles são como visitas que sabem ser indesejadas.

— Queres dizer que os pensamentos são coisas físicas?

— Pois são e tu tens o poder de controlá-los. É tão simples ter pensamentos positivos como negativos.

— Então, porque é que tantas pessoas se preocupam e se concentram em todas as informações negativas que temos sobre o mundo?

— Porque ainda não aprenderam a arte do autocontrolo e do pensamento disciplinado. A maior parte das pessoas com quem falo não faz ideia que tem o poder de controlar todos os seus pensamentos, em qualquer segundo de qualquer minuto de qualquer dia. Acham que os pensamentos surgem espontaneamente e nunca se apercebem de que, se não começarem a controlá-los, eles controlam-nas a elas. Quando começares a concentrar-te apenas em bons pensamentos e a rejeitar os maus através de pura força de vontade, prometo-te que eles definharão rapidamente.

— Portanto, se eu quiser ter força de vontade suficiente para me levantar cedo, comer menos, ler mais, preocupar-me menos, ser mais paciente ou mais carinhoso, basta exercer a minha vontade para limpar os meus pensamentos?

— Quando controlas os teus pensamentos, controlas a tua mente. Quando controlas a tua mente, controlas a tua vida. E assim que chegares ao ponto de controlares plenamente a tua vida, tornas-te senhor do teu destino.

Eu estava mesmo a precisar de ouvir aquilo. Ao longo daquela estranha mas inspiradora noite, eu passara do papel de advogado cético, a analisar cuidadosamente um advogado transformado em iogue, ao papel de crente, cujos olhos se abriam pela primeira vez em muitos anos. Gostava que a Jenny pudesse estar ali também, a ouvir aquele discurso. Aliás, gostava que os meus filhos pudessem escutar toda aquela sabedoria. Afetá-los-ia tanto como a mim. Sempre quisera ser melhor pai de família e viver de uma maneira mais plena, mas andara sempre demasiado ocupado a apagar os pequenos fogos da vida, que pareciam tão urgentes. Talvez fosse a minha incapacidade de ver a floresta para lá das árvores. A vida estava a passar tão depressa. Parecia que ainda ontem eu era um jovem estudante de Direito, cheio de energia e entusiasmo. Nessa altura, sonhava em ser líder político ou até juiz do supremo tribunal. Mas, à medida que o tempo foi avançando, acomodei-me a uma rotina. Mesmo quando era um advogado arrogante, Julian costumava dizer-me que «a apatia mata». Quanto mais pensava nisso, mais me apercebia de que perdera a minha sede, a minha fome. Não era fome de uma casa maior ou de um carro melhor. Era uma fome muito mais profunda: a fome de viver com mais significado, mais festividade e satisfação.

Comecei a sonhar acordado, enquanto Julian falava. Ignorando o que ele estava a dizer, imaginei-me com cinquenta anos e depois com sessenta. Estaria preso ao mesmo emprego, com os mesmos colegas, com as mesmas dificuldades? Temi que sim. Sempre quisera deixar a minha marca no mundo e estava a fazer tudo menos isso, neste momento. Creio que foi nesse instante, com Julian sentado ao meu lado no chão da sala, naquela noite pegajosa de julho, que eu mudei. Os japoneses chamam-lhe *satori*, isto é, *despertar imediato* e foi exatamente isso que aconteceu. Decidi realizar os meus sonhos e viver a minha vida em plenitude. Foi o meu primeiro gostinho a liberdade, a liberdade que surge quando decidimos, de uma vez por todas, assumir as rédeas da vida e de todos os elementos que a compõem.

— Vou dar-te uma fórmula para desenvolveres a força de vontade — disse Julian, que não fazia ideia da reviravolta interior que eu acabara de sofrer. — A sabedoria, sem os respetivos instrumentos para a aplicar, não serve para nada. Todos os dias — prosseguiu ele —, quando fores a pé para o trabalho, gostava que repetisses umas quantas palavrinhas.

— É um dos tais mantras de que falaste há pouco? — perguntei.

— É, sim. Trata-se de um mantra que existe há mais de cinco milhares de anos, embora só o pequeno grupo de monges de Sivana o conheça. O Iogue Raman disse-me que, se eu o repetisse, desenvolveria o autocontrolo e uma vontade indomitável num curto espaço de tempo. Lembra-te de que as palavras nos influenciam muitíssimo. As palavras são a encarnação verbal do poder. Se encheres a tua mente com palavras de esperança, sentirás esperança. Se encheres a tua mente com palavras de bondade, tornar-te-ás bom. Se encheres a tua mente com pensamentos de coragem, serás corajoso. As palavras têm poder — frisou Julian.

— Está bem, sou todo ouvidos.

— O mantra que eu sugiro que repitas pelo menos trinta vezes por dia é o seguinte: «*Sou mais do que pareço ser, tenho toda a força e poder do mundo.*» Verás que provoca profundas mudanças na tua vida. Para obteres resultados ainda mais rápidos, mistura este mantra com a prática da visualização criativa que te expliquei antes. Por exemplo, senta-te num lugar sossegado. Fecha os olhos. Não deixes que a tua mente divague. Mantém-te muito quietinho, pois o sinal mais óbvio de uma mente fraca é um corpo que não consegue descontrair-se. Agora, repete o mantra em voz alta, uma e outra e outra vez. Enquanto o fazes, imagina-te como uma pessoa disciplinada, resoluta, capaz de controlar a tua mente, corpo e espírito. Imagina-te a agir como Gandhi ou como a Madre Teresa agiriam numa situação difícil. Os resultados serão surpreendentes — garantiu Julian.

— É só isso? — perguntei, espantado com a aparente simplicidade desta fórmula. — Posso canalizar as reservas da minha força de vontade através desse mero exercício?

— Os mestres espirituais do Oriente ensinam esta técnica há séculos. Ainda hoje o fazem, por um motivo: porque ela resulta. Mas, como sempre, avalia tu próprio os resultados. Se estiveres interessado, posso ensinar-te outros exercícios para libertares a tua força de vontade e cultivares a disciplina interior. Mas aviso-te desde já que, à primeira vista, podem parecer estranhos.

— Olha, Julian, estou completamente fascinado com o que ouvi até agora. Estás a conseguir convencer-me, portanto não pares agora.

— Está bem. O primeiro passo é começares a fazer as coisas de que não gostas. No teu caso, pode ser simplesmente fazer a cama de manhã ou ir a pé para o trabalho, em vez de ires de carro. Se te habituares a exercitar a tua vontade, deixarás de ser um escravo dos teus impulsos mais fracos.

— Se não exercer a minha vontade, deixo de a ter?

— Exatamente. Para construir a força de vontade e a força interior, primeiro tens de usá-las. Quanto mais exercitares e alimentares o embrião da autodisciplina, mais rapidamente amadurecerás e terás os resultados que desejas. O segundo exercício é um dos prediletos do Iogue Raman. Ele costumava passar um dia inteiro sem falar, exceto em resposta a uma pergunta direta.

— Uma espécie de voto de silêncio?

— De facto, era isso mesmo, John. Os monges tibetanos que divulgaram esta prática acreditavam que controlar a língua durante um período longo de tempo acabava por sublimar a autodisciplina.

— Mas como?

— Basicamente, se estiveres calado durante um dia inteiro, estás a obrigar a tua vontade a obedecer-te. Sempre que sentires vontade de falar, deves fazer um esforço para conter esse impulso e ficar calado. A tua vontade não tem mente própria. Espera que tu lhe dês ordens, que depois te fazem agir. Quanto mais a controlares, mais poderosa se torna. O problema é que a maior parte das pessoas não usa a sua força de vontade.

— E porquê? — perguntei.

— Provavelmente por a maior parte das pessoas achar que nem sequer tem força de vontade. Culpam tudo e todos, menos elas próprias, por essa aparente fraqueza. As pessoas que têm mau feitio dizem: «Não tenho culpa, já o meu pai era assim.» As pessoas que se preocupam demasiado dizem: «A culpa não é minha, o trabalho é que é demasiado 'stressante'. As pessoas que dormem demasiado dizem: «O que é que eu posso fazer? O meu corpo precisa de dez horas de sono por noite.» Essas pessoas carecem da autorresponsabilidade que advém de conhecermos o extraordinário potencial que temos adormecido dentro de nós, à espera que o despertemos para se concretizar. Quando conheceres as leis intemporais da natureza, as leis que governam o funcionamento deste universo e de todas as vidas nele contidas, verás que é teu direito de nascença seres tudo o que podes ser. Tens o poder de superar o meio em que vives. Tal como tens a capacidade de ser mais do que um prisioneiro do teu passado. Mas, para isso, tens de ser senhor da tua vontade.

— Parece complicado.

— No fundo, é um conceito muito prático. Imagina o que poderias fazer se duplicasses ou triplicasses a quantidade de força de vontade que tens neste momento. Podias fazer o tal regime de ginástica com que tens andado a sonhar; podias ser muito mais eficaz na maneira como geres o tempo; podias eliminar de uma vez por todas o hábito da preocupação; ou podias ser o marido ideal. Usar a tua vontade permite-te reacender a chama da vida que dizes ter perdido. É uma área muito importante, na qual te deves concentrar.

— Portanto, tenho de começar a usar a minha força de vontade com regularidade?

— Exato. Decide fazer as coisas que sabes que devias fazer, em vez de optares pela via mais fácil. Começa a lutar contra a força gravitacional dos teus maus hábitos e impulsos mais fracos, da mesma maneira que um foguetão contraria as leis da gravidade e entra no reino dos céus. Supera-te a ti mesmo e verás o que acontece no espaço de umas poucas semanas.

— E o mantra ajuda?

— Ajuda. Se repetires o mantra que te ensinei e se te imaginares como gostarias de ser, terás muito mais facilidade em criar a vida disciplinada e regrada que te permitirá realizar os teus sonhos. E não tens de mudar o mundo num só dia. Começa pelas pequenas coisas. A viagem de mil quilómetros começa com um só passo. Crescemos por etapas. O simples facto de te levantares uma hora mais cedo e de criares esse hábito maravilhoso aumentará a tua autoconfiança e motivar-te-á a atingir maiores alturas.

— Não estou a ver qual é a ligação — confessei.

— As grandes vitórias constroem-se sobre pequenas vitórias. Tens de construir o pequeno para alcançares o grande. Ao cumprires uma resolução tão pequena como levantares-te cedo todos os dias, sentirás o prazer e a gratificação dessa conquista. Estabeleceste um objetivo e alcançaste-o. É uma sensação tão boa! O segredo é colocar a fasquia cada vez mais alto e continuar a elevar os teus padrões. Essa vontade libertará, então, aquela qualidade mágica que te motivará para continuares a explorar o teu potencial infinito. Gostas de fazer esqui? — perguntou Julian abruptamente.

— Adoro esquiar — respondi. — Eu e a Jenny levamos os miúdos para a serra, sempre que podemos, o que não acontece muitas vezes, para mágoa dela.

— Muito bem. Então, lembra-te do prazer que tens quando deslizas por uma montanha abaixo. No início, começas muito devagar, mas um minuto depois estás a voar como um pássaro. Certo?

— Podes chamar-me o Ninja Esquiador. Adoro a adrenalina da velocidade!

— O que é que te faz andar tão depressa?

— O meu físico aerodinâmico? — perguntei, a brincar.

— Que graça! — ripostou Julian, com uma gargalhada. — O ímpeto é a resposta que eu queria. O ímpeto é também o ingrediente secreto da autodisciplina. Como eu disse, começas por coisas pequenas, seja levantares-te mais cedo, ires dar uma volta ao quarteirão todas as noites ou simplesmente obrigares-te a desligar o televisor, quando já chega. Essas pequenas vitórias criam o ímpeto que te impele a dar passos maiores ao longo do caminho que te conduzirá ao teu expoente máximo. Em breve, estarás a fazer coisas que nunca imaginaste sequer, com um vigor e uma energia que te deixarão surpreendido. É um processo maravilhoso, John, a sério que é. E o cabo cor-de-rosa da fábula mágica do Iogue Raman lembrar-te-á sempre o poder da tua força de vontade.

Assim que Julian acabou de me revelar os seus pensamentos sobre disciplina, reparei que os primeiros raios de sol espreitavam já pela sala, empurrando a escuridão como uma criança que se liberta de um cobertor indesejado.

«Este vai ser um belo dia», pensei. «O primeiro dia do resto da minha vida.»

Sumário do Capítulo 10
A sabedoria de Julian em Poucas Palavras

O símbolo

A virtude

Vive uma vida disciplinada

A sabedoria

- A disciplina constrói-se através de pequenos atos de coragem
- Quanto mais cultivares o embrião da autodisciplina, mais ele amadurecerá
- A força de vontade é a virtude essencial de uma vida plena

As técnicas

- Os mantras/a visualização criativa
- O voto de silêncio

Citação

Declara guerra contra os pensamentos mais fracos que entraram à socapa no palácio que é a tua mente. Eles perceberão que são incómodos e partirão como visitas indesejadas.

O Monge Que Vendeu o Seu Ferrari.

11

O teu bem mais precioso

O tempo bem gerido é a marca mais notória de uma mente bem gerida.

Sir Isaac Pitman

— Sabes o que é curioso na vida? — perguntou Julian.

— Diz-me.

— Quando finalmente as pessoas descobrem o que querem na vida e como alcançá-lo, regra geral é demasiado tarde. Aquele ditado: «Se os jovens soubessem, se os velhos pudessem» é bem verdade.

— É a isso que se refere o cronómetro da fábula do Iogue Raman?

— É. O lutador de *sumo*, de um metro e noventa e quinhentos quilos de peso, com um cabo cor-de-rosa a tapar-lhe as partes privadas, enfia no braço um reluzente cronómetro de ouro que alguém deixou para trás no belo jardim — lembrou-me Julian.

— Eu não me esqueci — ripostei, com um sorriso.

Por essa altura já eu tinha percebido que a fábula mística do Iogue Raman não passava de um apanhado de imagens, destinadas a ensinar a Julian os elementos de uma antiga filosofia para uma vida iluminada e concebidas de modo a serem fáceis de recordar. Contei-lhe a minha descoberta.

— Ah, o sexto sentido de advogado! Tens toda a razão. Os métodos do meu sábio professor pareciam estranhos, no início e eu tive dificuldade em compreender o significado do seu conto, exatamente como tu, quando to narrei. Mas devo dizer-te, John, que os sete elementos da história, desde o jardim, ao lutador japonês nu, às rosas amarelas e ao caminho coberto de diamantes, que já te vou explicar, ajudam imenso a lembrar os pontos principais da sabedoria que aprendi em Sivana. O jardim recorda-me a importância dos pensamentos motivadores, o farol lembra-me que o objetivo da vida é uma vida com objetivos, o lutador de *sumo* ajuda-me a concentrar-me na autodescoberta constante, enquanto o cabo cor-de-rosa me liga às maravilhas da força de vontade. Não há dia que passe em que eu não pense na fábula e nos princípios que o Iogue Raman me ensinou.

— E o que é que representa o reluzente cronómetro de ouro, ao certo?

— É um símbolo do nosso bem mais precioso: o tempo.

— Então e o pensamento positivo, a definição de objetivos e o autodomínio?

— Nada significam sem o tempo. Cerca de seis meses depois de eu ter feito do meu maravilhoso refúgio florestal de Sivana a minha residência temporária, uma das sábias veio visitar-me à minha cabana de rosas, enquanto eu estava estudar. Chamava-se Divea. Era uma mulher extraordinariamente bonita, com cabelos pretos como a asa de um corvo, compridos até à cintura e, numa voz muito suave e doce, ela disse-me que era o membro mais jovem da comunidade de sábios daquele secreto retiro de montanha. Disse-me também que viera ver-me a pedido do Iogue Raman, que lhe dissera que eu era o melhor aluno que ele já tivera. «Talvez tenha sido a dor que sofreste na tua vida anterior que te permitiu acolher a nossa sabedoria com o coração tão aberto», disse ela. «Sendo eu o membro mais jovem da nossa comunidade, pediram-me para te trazer uma prenda. É de todos nós e queremos oferecer-ta como sinal do nosso respeito por ti, por teres percorrido um caminho tão longo para aprenderes os nossos hábitos e costumes. Nunca criticaste nem fizeste troça das nossas tradições. Portanto, embora tenhas decidido deixar-nos daqui a umas semanas, consideramos-te um de nós. Nenhum forasteiro recebeu o que eu te vou dar.»

— Que prenda era? — perguntei, impaciente.

— Divea tirou um objecto de dentro do seu saco de algodão e entregou-mo. Embrulhada numa espécie de papel perfumado, estava uma coisa que eu nunca pensei que iria encontrar ali. Era uma ampulheta em miniatura, feita de vidro e um pouco de madeira de sândalo. Ao ver a minha expressão, Divea apressou-se a explicar-me que todos os sábios receberam um daqueles instrumentos, em criança. «Embora não tenhamos bens materiais e levemos vidas simples e puras, respeitamos o tempo e a sua passagem. Estas pequenas ampulhetas recordam-nos diariamente a nossa mortalidade e a importância de viver dias plenos e produtivos, cheios de objetivos.

— Queres dizer que os monges perdidos no alto dos Himalaias controlavam as horas?

— Todos eles, sem exceção, compreendiam a importância do tempo. Todos eles desenvolveram uma coisa a que chamo «consciência do tempo». Aprendi que o tempo se esvai por entre os nossos dedos como grãos de areia, para nunca mais voltar. As pessoas que usam sensatamente o tempo, desde muito cedo, são recompensadas com vidas ricas, produtivas e gratificantes. Aquelas que nunca aprenderam que «dominar o tempo é dominar a vida» nunca se aperceberão do seu enorme potencial humano. O tempo é um grande nivelador. Quer sejamos privilegiados, quer desfavorecidos, quer vivamos no Texas ou em Tóquio, a todos nos foram concedidos dias com apenas vinte e quatro horas. O que distingue as pessoas que constroem vidas excecionais das que as desperdiçam é a maneira como utilizam esse tempo.

— Uma vez, ouvi o meu pai dizer que eram as pessoas mais ocupadas que tinham tempo de sobra. O que é que achas?

— Concordo inteiramente. As pessoas ocupadas e produtivas são extremamente eficientes na gestão do seu tempo: têm de o ser, para poderem sobreviver. Ser um excelente gestor do tempo não quer dizer que a pessoa se torne um viciado em trabalho. Pelo contrário, gerir bem o tempo significa que temos mais tempo para fazermos as coisas de que gostamos, as coisas que nos são realmente significativas. Dominar o tempo é sinónimo de dominar a vida. Guarda bem o tempo. Lembra-te de que é um recurso que se esgota.

»Vou dar-te um exemplo — prosseguiu Julian. — Digamos que é segunda-feira de manhã e a tua agenda está cheia de consultas de clientes, reuniões e audiências em tribunal. Em vez de te levantares como habitualmente às seis e meia da manhã, beberes um copo de sumo e ires a correr para o trabalho e passares um dia cheio de stresse a tentar fazer tudo, imaginemos que tiras quinze minutos na noite anterior para planeares o teu dia. Ou, para seres ainda mais eficaz, digamos que tiras uma hora da tua manhã descansada de domingo para organizares a tua semana inteira. Na tua agenda, apontas as consultas com os teus clientes, as horas para fazeres a tua investigação jurídica e os momentos em que vais fazer telefonemas. Acima de tudo, apontas também na tua agenda os teus objetivos pessoais, sociais e espirituais para essa semana. Este simples gesto é o segredo de uma vida equilibrada. Ao ancorares os aspectos mais importantes da tua vida na tua agenda diária, certificas-te de que a tua semana e a tua vida mantêm uma noção de significado e de paz.

— Não estás, com certeza, a sugerir que eu faça uma pausa a meio do meu dia de trabalho frenético para ir passear pelo parque ou meditar?

— Claro que estou. Porquê esse teu apego às convenções? Porque é que achas que tens de fazer tudo exatamente como toda a gente faz? Sê dono do teu nariz. Porque é que não começas a trabalhar uma hora mais cedo, para poderes ter o prazer de fazer um passeio a meio da manhã, naquele parque tão bonito que fica do outro lado da rua do teu escritório? Ou porque é que não fazes umas horas extra no início da semana, para poderes sair mais cedo na sexta-feira e levares os teus filhos ao Jardim Zoológico? Ou porque é que não começas a trabalhar em casa dois dias por semana, para estares mais tempo com a tua família? Só estou a dizer para planeares a tua semana e gerires o teu tempo de uma maneira criativa. Sê disciplinado e organiza o teu tempo em torno das tuas prioridades. As coisas mais significativas da tua vida nunca devem ser sacrificadas às menos importantes. E lembra-te de que a ausência de planos é um plano para o fracasso. Ao apontares não só as tuas reuniões com outras pessoas, mas também os teus compromissos para contigo mesmo — ler, relaxar ou escrever uma carta de amor à tua mulher —, serás muito mais eficaz na gestão do teu tempo.

Não te esqueças de que o tempo que gastas a enriquecer as tuas horas de lazer nunca é um desperdício. Torna-te muito mais eficaz nas tuas horas de trabalho. Para de viver a tua vida em compartimentos e compreende, de uma vez por todas, que tudo o que fazes constitui um todo indivisível. A maneira como ages em casa afeta a maneira como ages no trabalho. A maneira como tratas as pessoas no escritório afeta a maneira como tratas a tua família e amigos.

— Concordo, Julian, mas realmente não tenho tempo para fazer pausas a meio do dia. Já assim, trabalho quase todas as noites. O meu horário é arrasador. — Ao dizer isto, senti um aperto no estômago, só de pensar na pilha de trabalho que tinha pela frente.

— Estar muito ocupado não serve de desculpa. A verdadeira questão é: estás tão ocupado com quê? Uma das grandes regras que aprendi com aquele velho sábio é que oitenta por cento dos resultados que obtemos na vida advêm de apenas vinte por cento das atividades que ocupam o nosso tempo. O Iogue Raman chamava-lhe a «Regra Antiga do Vinte».

— Não estou a perceber.

— Está bem. Voltemos à tua atarefada segunda-feira. De manhã à noite, passas o tempo a fazer tudo e mais alguma coisa, desde conversar ao telefone com clientes, a redigir documentos jurídicos, a ler uma história aos teus filhos antes de irem dormir, ou a jogar xadrez com a tua mulher. Certo?

— Certo.

— Mas de todas as atividades em que te empenhas, só vinte por cento delas te darão resultados reais e duradouros. Só vinte por cento do que fazes terá influência na qualidade da tua vida. Estas são as tuas atividades de «alto impacte». Por exemplo, daqui a dez anos, achas mesmo que o tempo que gastaste a coscuvilhar enquanto tomas café no escritório, ou a almoçar na cantina cheia de fumo de tabaco, ou a ver televisão, conta para alguma coisa?

— Não, acho que não.

— Exato. Portanto, concordarás também que há uma série de atividades que, sim, contam para alguma coisa?

— Estás a falar do tempo que ocupo a aperfeiçoar os meus conhecimentos jurídicos, a enriquecer a minha relação com os meus clientes e a tornar-me um advogado mais eficiente?

— Sim. E do tempo que ocupas a alimentar a tua relação com a Jenny e com os teus filhos. O tempo que passas em contacto com a natureza, mostrando a tua gratidão por tudo o que tens na vida. O tempo que passas a renovar a tua mente, o teu corpo e o teu espírito. Estas são apenas algumas das atividades de alto impacte que te permitirão conceber a vida que mereces. Canaliza todo o teu tempo para essas atividades que importam. *As pessoas iluminadas concentram-se nas suas prioridades.* É este o segredo de dominar o tempo.

— Uau! Foi o Iogue Raman que te ensinou isso?

— Tornei-me um estudante da vida, John. O Iogue Raman foi, sem dúvida, um professor maravilhoso e inspirador, e eu nunca o esquecerei. Mas todas as lições que aprendi com as minhas muitas experiências encaixaram-se umas nas outras como peças de um enorme *puzzle*, para me mostrarem o caminho para uma vida melhor.

Julian acrescentou:

— Espero que aprendas com os meus erros. Algumas pessoas aprendem com os erros que outros cometeram. São sensatas. Outras acham que a verdadeira aprendizagem advém apenas da experiência pessoal. Essas pessoas passam por sofrimentos escusados, ao longo das suas vidas.

Como advogado, eu já participara em muitos seminários sobre gestão do tempo. E, no entanto, nunca ouvira falar na filosofia de domínio do tempo que Julian estava agora a partilhar comigo. A gestão do tempo não era uma coisa para aplicar no escritório e deitar fora no final do expediente. Era um sistema holístico, que podia tornar *todas* as áreas da minha vida mais equilibradas e gratificantes, desde que eu o aplicasse corretamente. Aprendi que, ao planear os meus dias e gastar alguns instantes para me certificar de que estava a equilibrar bem a utilização do meu tempo, não só seria mais produtivo... mas também muito mais feliz.

— Portanto, a vida é como uma bela fatia gorda de *bacon* — comentei. — Temos de separar a carne da gordura, para sermos senhores do nosso tempo.

— Muito bem. Estás no caminho certo. E embora o meu lado vegetariano me diga o contrário, confesso que gosto da analogia, porque acerta na *mouche*. Se gastares o teu tempo e a tua energia mental preciosa a concentrares-te na carne, não tens tempo para desperdiçar com a gordura. É aqui que a tua vida passa do reino do comum para a magnificência do extraordinário. É aqui que começas realmente a fazer com que as coisas aconteçam e que as portas do templo do esclarecimento se abrem de repente — explicou Julian.

»E isso leva-nos a outra questão — prosseguiu o meu amigo. — Não deixes que as outras pessoas roubem o teu tempo. Tem cuidado com os ladrões do tempo. São aquelas pessoas que te telefonam sempre assim que acabaste de pôr os miúdos na cama e te sentaste na tua cadeira predileta, para ler o tal romance empolgante de que tanto ouviste falar. São aquelas pessoas que têm o condão de entrar no teu gabinete, no preciso instante em que arranjaste uns minutinhos a meio do teu dia frenético de trabalho, para inspirares fundo e organizares os teus pensamentos. Soa-te familiar?

— Como sempre, Julian, acertaste em cheio. Acho que sempre fui demasiado delicado e nunca tive coragem de as mandar sair ou de, pura e simplesmente, fechar a porta do gabinete — confessei.

— Tens de ser implacável com o teu tempo. Aprende a dizer «não.» Ter coragem de dizer «não» às pequenas coisas da vida dar-te-á o poder de dizer «sim» às grandes coisas. Fecha a porta do teu escritório, quando precisares de umas horas para trabalhar num processo importante. Lembra-te do que te disse. Não atendas o telefone sempre que tocar. O telefone existe para *tua* conveniência, não para conveniência dos outros. Ironicamente, as pessoas respeitar-te-ão mais se virem que és uma pessoa que valoriza o seu tempo. Perceberão que o teu tempo é precioso e valorizá-lo-ão também.

— E a mania de protelar tudo? Dou por mim tantas vezes a adiar as coisas que não gosto de fazer e, em vez disso, a ver a publicidade que me metem na caixa do correio ou a folhear revistas jurídicas. Não é uma perda de tempo?

— Sem dúvida que sim. É verdade que faz parte da natureza humana levar a cabo as coisas que sabem bem e evitar as que nos desagradam. Mas, como disse há pouco, as pessoas mais produtivas do mundo cultivaram o hábito de fazer as coisas que as pessoas menos produtivas não gostam de fazer, mesmo que também não lhes apeteça.

Refleti sobre o princípio que acabara de escutar. Talvez o meu problema não fosse protelar. Talvez a minha vida se tivesse tornado, pura e simplesmente, demasiado complexa. Julian apercebeu-se da minha inquietação.

— O Iogue Raman disse-me que as pessoas que são senhoras do seu tempo levam vidas simples. A natureza não quer um ritmo frenético e acelerado. Embora o monge de Sivana acreditasse convictamente que a felicidade duradoura só está ao alcance das pessoas eficazes e determinadas, instigadas por objetivos concretos, também achava que, para vivermos uma vida rica e satisfeita, não temos de sacrificar a nossa paz de espírito. Foi isto que me fascinou tanto na sabedoria de Sivana. Permitia-me ser produtivo e, ao mesmo tempo, preencher os meus anseios espirituais.

Comecei a abrir-me ainda mais às palavras de Julian.

— Foste sempre sincero e direto comigo, portanto vou fazer o mesmo em relação a ti. Não quero abdicar da minha carreira, da casa e do carro, para ser mais feliz e contente. Gosto dos meus brinquedos e das coisas materiais que conquistei. São a minha recompensa por todas as horas que trabalhei, desde o tempo em que nós os dois nos conhecemos. Mas sinto-me vazio, profundamente vazio. Contei-te os sonhos que tinha quando andava na faculdade. A minha vida podia ser tantas outras coisas. Tenho quase quarenta anos e nunca fui ao Grand Canyon, nem à Torre Eiffel. Nunca passeei no deserto, nem fiz canoagem num lago parado, num belo dia de verão. Nunca tirei as meias e andei descalço num parque, a ouvir o riso dos miúdos e o ladrar dos cães. Nem sequer me lembro da última vez que fui passear sozinho, em paz, depois de um nevão, só para ouvir o barulhinho dos meus passos na neve e desfrutar da natureza.

— Então, simplifica a tua vida — sugeriu Julian, compreensivo. — Aplica o antigo Ritual da Simplicidade a todos os aspectos do teu mundo. Ao fazê-lo, terás mais tempo para saborear estas gloriosas maravilhas. Uma das coisas mais trágicas que qualquer pessoa pode fazer é adiar a vida. Há mais pessoas a sonharem com um mágico jardim de rosas ao fundo do horizonte do que a desfrutarem do jardim atrás da sua própria casa. Que coisa tão triste!

— Tens alguma sugestão a fazer?

— Deixo isso à tua imaginação. Já partilhei contigo muitas das estratégias que aprendi com os sábios. Elas farão milagres, se tiveres a coragem de as aplicar. Ah, isto lembra-me outra coisa que eu faço, para garantir que a minha vida se mantém calma e simples.

— O quê?

— Adoro dormir uma sesta à tarde. Deixa-me mais enérgico, revigorado e jovem. Não dispenso o meu pequeno sono de beleza — explicou Julian, rindo-se.

— A beleza nunca foi um dos teus pontos fortes.

— Mas o sentido de humor sempre foi um dos teus e, só por isso, tiro-te o chapéu. Lembra-te sempre do poder do riso. Tal como a música, o riso é um bálsamo fabuloso para o stresse e as pressões da vida. O Iogue Raman costumava dizer: «O riso abre o coração e alivia a alma. Ninguém deve encarar a vida tão a sério que se esqueça de rir de si próprio.»

Julian tinha um último pensamento para partilhar comigo, a propósito do tempo.

— Acima de tudo, John, para de agir como se tivesses quinhentos anos de vida pela frente. Quando Divea me ofereceu aquela pequenina ampulheta, deu-me um conselho que jamais esquecerei.

— Qual foi?

— Disse-me que a melhor altura para plantar uma árvore já passou há quarenta anos. A segunda melhor altura para o fazer é hoje, agora. Não percas um só minuto do teu dia. Desenvolve uma mentalidade de leito de morte.

— O quê?! — perguntei, estupefacto com a expressão que Julian utilizara. — O que é uma mentalidade de leito de morte?

— É uma nova maneira de encarar a vida, um paradigma mais poderoso, um raciocínio que te lembre que hoje pode ser o último dia da tua vida, portanto há-que saboreá-lo ao máximo.

— Parece-me um bocado mórbido, se queres que te diga. Faz-me pensar na morte.

— Mas, na verdade, trata-se de uma filosofia sobre a vida. Assim que adotas uma mentalidade de leito de morte, começas a viver cada dia como se fosse o último. Imagina acordar todos os dias e fazer uma perguntinha simples a ti mesmo: «O que é que eu faria hoje, se este fosse o meu último dia de vida?» Depois, pensa como é que tratarias a tua família, os teus colegas e inclusivamente as pessoas que não conheces. Pensa no quão produtivo e empolgado te tornarias, vivendo cada instante na sua plenitude. Esta técnica vai encher os teus dias de energia e alegrar tudo o que fizeres. Começarás a concentrar-te nas coisas importantes que tens andado a adiar e pararás de perder tempo com aquelas coisas insignificantes que te arrastaram para o centro de uma crise e do caos.

»Força-te a fazer mais e a viver mais — prosseguiu Julian. — Assume as rédeas da tua energia, para começares a expandir os teus sonhos. Sim, expandir os teus sonhos. Não aceites uma vida de mediocridade, quando tens um potencial infinito dentro da fortaleza que é a tua mente. Atreve-te a ser sublime. É um direito que tens à nascença!

— Mas que discurso!

— E ainda não acabou. Aqui tens um simples remédio para quebrar o feitiço da frustração que atormenta tanta gente.

— A minha chávena está vazia — disse, baixinho.

— Age como se o fracasso fosse uma coisa impossível e terás o êxito garantido. Apaga todo e qualquer pensamento negativo de que não vais conseguir alcançar os teus objetivos, sejam eles materiais ou espirituais. Sê corajoso e não imponhas limites à tua imaginação. Nunca sejas prisioneiro do teu passado. Torna-te o arquiteto do teu futuro. Nunca mais serás o mesmo.

Enquanto a cidade despertava e a manhã raiava em força, o meu amigo começou a mostrar os primeiros sinais de cansaço, depois de uma noite inteira passada a partilhar o seu conhecimento com um aluno desejoso de aprender. Eu estava espantado com o vigor de Julian, com a sua infindável energia e inesgotável entusiasmo. Ele não se limitava a fazer um discurso — todo ele era a imagem viva do que apregoava.

— Estamos a aproximar-nos do final da fábula mágica do Iogue Raman e está a chegar o momento em que terei de partir — disse ele suavemente. — Tenho muito que fazer e muitas outras pessoas com quem falar.

— Vais contar aos teus sócios da firma que voltaste para casa? — perguntei, deixando que a minha curiosidade falasse mais alto do que a discrição.

— Provavelmente não — respondeu Julian. — Sou uma pessoa tão diferente do Julian Mantle que eles conheceram! Não penso da mesma maneira, não visto as mesmas roupas, não faço as mesmas coisas. Sou uma pessoa fundamentalmente diferente. Não me reconheceriam.

— Realmente és um homem novo — concordei, rindo-me para dentro ao imaginar aquele monge místico, envergando as vestes tradicionais de Sivana, a meter-se dentro do reluzente Ferrari encarnado da sua vida anterior.

— Um novo ser é o termo mais exato.

— Não vejo qual é a diferença — confessei.

— Existe um velho provérbio na Índia que diz: «Não somos seres humanos a viverem uma experiência espiritual. Somos seres espirituais a viverem uma experiência humana.» Agora, compreendo o meu papel no universo. Vejo quem sou. Já não estou no mundo, o mundo está em mim.

— Vou ter de digerir essa devagar — disse eu com toda a sinceridade, sem perceber muito bem o que Julian queria dizer.

— Com certeza, meu amigo. Eu compreendo. Chegará o dia em que perceberás claramente o que estou a dizer. Se seguires os princípios que te revelei e aplicares as técnicas que te ensinei, avançarás indubitavelmente rumo ao esclarecimento. Acabarás por dominar a arte do governo pessoal. Verás a tua vida pelo que ela realmente é: um pequeno piscar de luz na tela da eternidade. E verás nitidamente quem és e qual é a tua missão suprema na vida.

— Que é?

— Servir, claro. Podes ter uma casa enorme e um automóvel topo de gama, mas a única coisa que vais levar desta vida é a tua consciência. Escuta a tua consciência. Deixa-te guiar por ela. Ela sabe o que é certo para ti. Dir-te-á que a tua missão na vida é servir altruisticamente os outros, seja de que maneira for. Foi isto que a minha odisseia pessoal me ensinou. Agora, tenho de ir visitar tantas outras pessoas, há tanta gente para servir e sarar... A minha missão é divulgar a sabedoria antiquíssima dos Sábios de Sivana a todos aqueles que dela necessitam. É esse o meu objetivo.

A chama do conhecimento ateara o espírito de Julian — parecia-me claro, tão claro até para uma alma pouco iluminada como a minha. Ele era um orador tão apaixonado, tão eloquente e fervoroso, que isso se refletia inclusivamente na sua aparência física. A sua transformação de velho advogado cansado num jovem Adónis cheio de energia não se devia simplesmente a uma mudança de regime alimentar e a uma dose diária de ginástica. Não, tratava-se de uma panaceia muito mais profunda, que Julian encontrara no topo daquelas majestosas montanhas. Ele encontrara o segredo que as pessoas buscam desde o início dos tempos. Era mais do que o mero segredo da juventude, da realização ou até da felicidade. Julian descobrira o Segredo do Eu.

Sumário do Capítulo 11
A Sabedoria de Julian em Poucas Palavras

A virtude

Respeita o teu tempo

A sabedoria

- O tempo é o teu bem mais precioso e esgota-se
- Concentra-te nas tuas prioridades e mantém o equilíbrio
- Simplifica a tua vida

As técnicas

- A Antiga Regra do Vinte
- Ter coragem de dizer «NÃO»
- A mentalidade do leito de morte

Citação

O tempo esvai-se por entre os nossos dedos, como grãos de areia, e não volta mais. As pessoas que gerem o seu tempo desde muito cedo são recompensadas com uma vida rica, produtiva e gratificante.

O Monge Que Vendeu o Seu Ferrari.

12

O objetivo supremo da vida

Nenhum ser vivo vive sozinho, exclusivamente para si.

WILLIAM BLAKE

— Os Sábios de Sivana não eram simplesmente as pessoas mais jovens de espírito que eu conheci desde sempre — comentou Julian —, eram também, sem dúvida, as mais bondosas.

»O Iogue Raman contou-me — continuou o meu amigo — que, quando era miúdo, enquanto esperava pelo sono, o pai dele costumava entrar devagarinho na sua cabana coberta de rosas e perguntava-lhe que boas ações tinha feito nesse dia. Podes não acreditar, mas se ele dizia que não fizera nenhuma, o pai pedia-lhe para se levantar e levar a cabo um ato de bondade e altruísmo, antes de poder ir dormir.

»Uma das virtudes mais essenciais para se ter uma vida iluminada e que eu posso partilhar contigo, agora, John — explicou Julian —, é a seguinte: no fim da vida, independentemente do que tenhas conquistado, do número de casas de praia que possuas, da quantidade de carros que estejam estacionados na tua garagem, *a qualidade da tua vida reduzir-se-á à qualidade do teu contributo.*

— Isto tem alguma coisa a ver com as rosas amarelas da fábula do Iogue Raman?

— Claro que tem. As flores recordar-te-ão o antigo provérbio chinês: «Na mão que oferece rosas resta sempre um resquício do perfume das flores.» O significado é evidente: se trabalhares para melhorar a vida das outras pessoas, indiretamente melhoras também a tua. Se praticares diariamente atos fortuitos de bondade, a tua própria vida tornar-se-á muito mais rica e significativa. Para cultivares a sacralidade e santidade de cada dia, serve os outros, não importa como.

— Estás a sugerir que eu comece a fazer trabalho de voluntariado numa qualquer instituição de caridade?

— É um excelente começo. Mas estou a falar de uma coisa bem mais filosófica do que isso. Estou a sugerir que adotes um novo *paradigma* do teu papel neste planeta.

— Estás a deixar-me à toa, outra vez. Explica-me lá esse conceito de paradigma. Não estou a percebê-lo.

— Um paradigma é simplesmente uma maneira de encarar uma coisa, em particular, ou a vida, em geral. Algumas pessoas veem o copo da vida como estando meio vazio. Os otimistas veem-no meio cheio. Interpretam as mesmas circunstâncias de maneira diferente, porque adotaram um paradigma diferente. Um paradigma é, basicamente, a lente através da qual vês os acontecimentos da tua vida, quer externos, quer internos.

— Portanto, quando sugeres que eu adote um novo paradigma de vida, estás a dizer que eu devia mudar a forma como olho para o mundo?

— Mais ou menos. Para melhorares drasticamente a tua qualidade de vida, tens de cultivar uma nova perspetiva sobre o teu papel aqui na terra. Tens de compreender que, assim como entraste no mundo sem nada, também o vais abandonar sem nada. Sendo este o caso, só podes estar aqui por um único motivo.

— E qual é ele?

— Para te entregares aos outros e dares um contributo importante — explicou Julian. — Não estou a dizer que não podes ter os teus brinquedos, nem que deves abdicar da tua carreira jurídica e dedicar a tua vida aos desfavorecidos, embora eu tenha conhecido recentemente pessoas que optaram alegremente por essa via. O nosso mundo está a passar por uma enorme mudança. As pessoas estão a trocar o dinheiro pelo conhecimento. Os advogados que costumavam avaliar as pessoas pelo tamanho da sua conta bancária começam, agora, a avaliá-las em função do seu empenho em relação às outras, em função do tamanho do seu coração. Os professores estão a sair do refúgio confortável dos seus empregos seguros para alimentarem o crescimento intelectual de crianças necessitadas, que vivem em verdadeiras zonas de combate a que chamamos cidades. As pessoas ouviram o claro chamamento da mudança. As pessoas estão a perceber que se encontram aqui por um motivo e que lhes foram concedidos dons especiais, que vão ajudá-las a concretizar a sua missão.

— Que tipo de dons especiais?

— Precisamente aqueles de que te falei a noite toda: um sem-fim de capacidades mentais, energia inesgotável, criatividade ilimitada, um manancial de disciplina e uma fonte de serenidade. Basta libertar esses tesouros e aplicá-los num bem comum — explicou Julian.

— Continuo a ouvir-te. Então, como é que posso começar a praticar o bem?

— Estou simplesmente a dizer que devias tornar tua prioridade mudares a tua maneira de encarar o mundo, para deixares de te ver única e exclusivamente como um indivíduo e começares a ver-te como parte de um todo.

— Então, devia começar a ser mais simpático e atencioso?

— Compreende que a coisa mais nobre que podes fazer é entregar-te aos outros. Os sábios do Oriente chamavam-lhe o processo de *«libertação das grilhetas do eu»*. É perder a autoconsciência e começar a concentrar-se num objetivo mais alto. Esse objetivo poderá ser dar mais às pessoas que te rodeiam, seja em termos do teu tempo ou da tua energia: estes são verdadeiramente os teus recursos mais preciosos. Poderá ser algo maior, como tirar um ano de dispensa de serviço para ir trabalhar junto dos pobres, ou algo menor como deixar alguns carros passar à tua frente num engarrafamento. Pode parecer piroso, mas se há uma coisa que eu aprendi foi que a nossa vida se desloca para uma dimensão mais mágica quando começamos a esforçar-nos por fazer do mundo um espaço melhor. O Iogue Raman disse que, quando nascemos, choramos enquanto o mundo celebra. Ele sugeriu que devíamos viver as nossas vidas de tal modo que, quando morrermos, o mundo chore enquanto nós celebramos.

Percebi que Julian tinha razão. Uma das coisas que começava a irritar-me, no mundo da advocacia, era eu não sentir que estava a dar o tipo de contributo que poderia dar. Sim, é verdade que tivera o privilégio de trabalhar em alguns processos que tinham ajudado uma série de boas causas. Mas a advocacia tornara-se num negócio para mim, em vez de um ofício de amor. Na faculdade, eu era um idealista como tantos dos meus contemporâneos. Nas residências universitárias, a beber café frio e a comer *pizza* rançosa, planeávamos mudar o mundo. Passaram-se quase vinte anos, desde então, e o meu desejo ardente de promover a mudança cedeu lugar ao meu desejo ardente de pagar o empréstimo da casa e engordar o meu fundo de poupança-reforma. Apercebi-me, pela primeira vez desde há muito tempo, que me refugiara num casulo da classe média, um casulo que me protegia da sociedade em geral e ao qual eu me habituara.

— Deixa-me contar-te uma velha história, que poderá ajudar-te a compreender melhor — continuou Julian. — Era uma vez uma velhinha frágil a quem falecera o marido carinhoso. Depois de enviuvar, ela foi viver com o filho, a nora e a neta. Todos os dias, a vista da senhora piorava e o mesmo acontecia com a sua capacidade auditiva. Às vezes, as suas mãos tremiam tanto, que as ervilhas rolavam do seu prato para o chão e a sopa escorria-lhe pelos cantos da boca. O filho e a nora ficavam aborrecidos com a porcaria que ela fazia e, um dia, disseram que já chegava. Portanto, montaram uma mesinha para a senhora, a um canto da cozinha, junto da despensa, e obrigaram-na a comer aí, sozinha. Ela olhava para eles à hora da refeição, com os olhos rasos de lágrimas, mas eles nem se davam ao trabalho de lhe dirigir a palavra enquanto comiam, exceto para repreendê-la por ter deixado cair a colher ou o garfo.

»Uma noite, antes do jantar, a netinha estava sentada no chão, a brincar com os legos. «O que é que estás a construir?», perguntou o pai, todo interessado. «Estou a construir uma mesinha para ti e para a mamã», disse ela, «para vocês comerem a um canto, quando eu for grande». O pai e a mãe ficaram tão constrangidos que não falaram durante o que pareceu uma eternidade. Depois, começaram a chorar. Nesse instante, tomaram consciência da natureza dos seus atos e da tristeza que haviam causado. Nessa noite, levaram a velhinha de volta para o seu devido lugar à mesa e, a partir desse dia, ela comeu todas as refeições na companhia deles. E quando um pedacinho de comida caía da mesa ou um garfo aterrava no chão, já ninguém parecia importar-se.

»Nesta história, os pais não eram pessoas más. — disse Julian. — Precisavam simplesmente que a centelha da consciência ateasse a sua vela da compaixão. A compaixão e os atos diários de bondade tornam a vida muito mais rica. Medita todas as manhãs no bem que vais praticar a favor de terceiros, ao longo do dia. As palavras sinceras de elogio ditas a quem menos as espera, os gestos de carinho oferecidos aos amigos necessitados, as pequenas oferendas de afeto dadas à tua família sem qualquer motivo em especial, criam uma maneira de viver muito mais maravilhosa. E, por falar em amizades, não te esqueças de que elas precisam de cuidados constantes. Uma pessoa com três bons e sólidos amigos é muito rica.

Fiz um sinal de assentimento com a cabeça.

— Os amigos trazem humor, fascínio e beleza à nossa vida. São poucas as coisas tão rejuvenescedoras como uma boa gargalhada partilhada com um velho amigo. Os amigos mantêm-nos humildes, quando nos tornamos convencidos. Os amigos fazem-nos sorrir, quando estamos a levar-nos demasiado a sério. Os bons amigos ajudam-nos, quando a vida nos coloca obstáculos e as coisas parecem pior do que são. Quando eu era um advogado muito atarefado, não tinha tempo para os amigos. Agora estaria sozinho, se não fosses tu, John. Não tenho companhia para dar longos passeios pela floresta, quando toda a gente está tranquilamente a dormir. Quando acabo de ler um livro maravilhoso que me comoveu profundamente, não tenho ninguém com quem partilhar os meus pensamentos. E não tenho ninguém com quem abrir a minha alma, quando o sol glorioso de um dia de outono aquece o meu coração e me enche de alegria.

Julian deteve-se bruscamente.

— Mas não tenho tempo para gastar com arrependimentos. Aprendi com os meus professores de Sivana que «Cada madrugada traz um novo dia a quem for iluminado».

Sempre vira Julian como uma espécie de gladiador jurídico sobre-humano, contra-atacando os argumentos dos seus adversários como um guerreiro de artes marciais parte uma pilha de tábuas reforçadas. Percebi que o homem que eu conhecera há muitos anos se transformara num ser de natureza muito diferente. A pessoa que estava diante de mim era boa, generosa e serena. Parecia saber quem era e qual o seu papel no palco da vida. Como nenhuma outra pessoa que eu conhecia, ele parecia ver a dor do seu passado como uma sábia e velha conselheira e, ao mesmo tempo, mostrava que a sua vida era muito maior do que a soma dos acontecimentos passados.

Os olhos de Julian cintilavam de esperança no futuro. Fui invadido por essa sua sensação de deleite perante as maravilhas deste mundo e senti-me contagiado pela sua alegria desenfreada de viver. Parecia-me que o Julian Mantle duro e implacável, advogado dos ricos, incapaz de se preocupar com os outros, se transformara realmente num ser espiritual que passava pela vida preocupando-se apenas com os outros. Talvez fosse esse o caminho que também eu estava prestes a trilhar.

Sumário do Capítulo 12
A sabedoria de Julian em Poucas Palavras

O símbolo

A virtude

Serve os outros altruisticamente

A sabedoria

- A qualidade da tua vida reduz-se, no fundo, à qualidade do teu contributo para o mundo
- Para cultivares a sacralidade de cada dia, vive para dar
- Ao melhorares as vidas das outras pessoas, a tua própria vida ascende à sua dimensão suprema

As técnicas

- Pratica diariamente o bem
- Dá a quem necessitar
- Cultiva relações mais profundas

Citação

A coisa mais nobre que podes fazer é entregar-te aos outros. Começa por concentrar-te no teu objetivo supremo.

O Monge Que Vendeu o Seu Ferrari

13

O segredo intemporal da felicidade eterna

Sempre que admiro a maravilha de um pôr do Sol ou a beleza da Lua, a minha alma dilata-se de veneração pelo Criador.

MAHATMA GANDHI

Haviam passado cerca de doze horas desde que Julian viera ter a minha casa, na noite anterior, para partilhar a sabedoria que adquirira em Sivana. Essas doze horas foram, sem dúvida, as mais importantes da minha vida. De repente, sentia-me exultante, motivado e, sim, libertado. Julian mudara radicalmente a minha perspetiva sobre a vida através da fábula do Iogue Raman e das virtudes intemporais que ela representava. Apercebi-me de que ainda nem sequer começara a explorar as profundezas do meu potencial humano. Andara a gastar ao desbarato as prendas diárias que a vida me dera. A sabedoria de Julian permitira-me enfrentar as feridas que estavam a impedir-me de viver com o riso, a energia e a satisfação que eu merecia. Senti-me comovido.

— Vou ter de ir embora daqui a pouco. Tu tens compromissos urgentes e eu tenho o meu próprio trabalho para fazer — desculpou-se Julian.

— O meu trabalho pode esperar.

— Infelizmente, o meu não — retorquiu ele, com um breve sorriso. — Mas, antes de ir embora, tenho de revelar-te o último elemento da fábula mágica do Iogue Raman. Lembras-te certamente que o lutador de *sumo* que saiu do farol, no meio de um belo jardim, completamente despido se não fosse um cabo cor-de-rosa a tapar-lhe as partes privadas, encontrou um reluzente cronómetro de ouro e caiu ao chão. Depois do que pareceu ser uma eternidade, ele finalmente recobrou os sentidos quando a maravilhosa fragrância das rosas amarelas lhe chegou ao nariz. Deleitado, levantou-se de um salto e ficou espantado ao ver um longo carreiro serpenteante, coberto de milhões de pequeninos diamantes. Claro que o nosso lutador de *sumo* seguiu por esse caminho e, ao fazê-lo, viveu feliz para sempre.

— Uma história extremamente plausível — disse eu, soltando uma gargalhada.

— Sim, realmente o Iogue Raman tinha uma imaginação muito fértil. Mas, como já viste, esta história tem um objetivo e os princípios que ela simboliza são, não só poderosos, mas altamente práticos.

— É verdade — concordei sem hesitar.

— O caminho coberto de diamantes servirá, então, para te recordar a última virtude para teres uma vida iluminada. Se aplicares este princípio no teu dia-a-dia, enriquecerás a tua vida de uma maneira indescritível. Começarás a ver as fabulosas maravilhas das coisas mais simples e a viver com o êxtase que mereces. E, se cumprires a promessa que me fizeste e partilhares esta sabedoria com outras pessoas, permitirás que também elas transformem o seu mundo comum num mundo extraordinário.

— É preciso muito tempo para aprender esse princípio?

— O princípio, em si, é incrivelmente fácil de perceber. Aprender a aplicá-lo eficazmente sempre que estiveres acordado é que vai demorar cerca de duas semanas de treino regular.

— Então diz lá, que estou mortinho por saber o que é.

— É engraçado que tenhas usado essa expressão, porque a sétima e última virtude tem tudo a ver com a vida. Os Sábios de Sivana acreditavam que uma vida verdadeiramente alegre e gratificante surgia apenas através de um processo a que chamavam «viver no agora». Estes iogues sabiam que o passado são águas que já não movem moinhos e que o futuro é um sol longínquo no horizonte da nossa imaginação. O momento mais importante é agora. Aprende a viver nele e a saboreá-lo em pleno.

— Percebo exatamente o que dizes, Julian. Tenho a sensação de que passo a maior parte do dia a preocupar-me com coisas passadas, que já não posso mudar e a inquietar-me com coisas futuras, que acabam por nem sequer acontecer. A minha mente é constantemente inundada por milhares de pequeninos pensamentos, todos eles a puxarem-me em milhares de direções diferentes. É completamente frustrante.

— Porquê?

— Porque fico de rastos! Não tenho paz de espírito. Mas, por outro lado, já tive momentos em que a minha mente está totalmente empenhada única e exclusivamente no que tenho à frente dos olhos. Isto costumava acontecer-me muito quando tinha de acabar de preparar um processo jurídico e não havia tempo para pensar em mais nada, a não ser no trabalho em mãos. Também já senti este tipo de concentração quando jogava futebol e queria mesmo ganhar. Parecia que as horas eram minutos e eu estava concentrado. Era como se a única coisa que importava fosse aquilo que estava a fazer naquele preciso instante. Tudo o resto, as preocupações, as contas, a carreira, não tinha importância. Aliás, pensando melhor, esses foram provavelmente os momentos em que me senti mais em paz.

— Empenhares-te numa tarefa que realmente constitui para ti um desafio é o caminho mais seguro para a satisfação pessoal. Mas o verdadeiro segredo é que a *felicidade é uma viagem, não um destino*. Vive para o dia de hoje, porque nunca mais haverá outro igual — anunciou Julian, as suas mãos macias unindo-se, como que para fazer uma prece de agradecimento por estar na posse do que acabara de dizer.

— É esse o princípio que o carreiro de diamantes da fábula do Iogue Raman simboliza? — perguntei.

— É — foi a resposta sucinta. — Assim como o lutador de *sumo* encontrou a realização e alegria eternas ao percorrer aquele trilho de diamantes, também tu podes ter a vida que mereces, no preciso instante em que começares a compreender que o caminho que percorres, neste momento, está pejado de diamantes e de outros inestimáveis tesouros. Para de gastar tanto tempo a correr atrás dos grandes prazeres da vida, esquecendo os pequenos. Abranda o teu ritmo. Aprecia a beleza e a sacralidade de tudo o que te rodeia. É uma obrigação que tens para contigo.

— Queres dizer que eu devia parar de definir grandes objetivos para o meu futuro e concentrar-me no presente?

— Não — respondeu Julian, com firmeza. — Como disse antes, os objetivos e sonhos para o futuro são elementos essenciais de uma vida de verdadeiro sucesso. A esperança no futuro é aquilo que te faz levantar todas as manhãs e te mantém motivado cada dia. Os objetivos enchem a vida de energia. A questão é simples: nunca adies a felicidade em nome da conquista. Nunca adies as coisas que são importantes para o teu bem-estar e satisfação. Hoje é o dia em que tens de viver plenamente e não quando ganhares a lotaria ou quando te reformares. Nunca adies a vida!

Julian levantou-se e começou a andar de um lado para o outro na sala, como um advogado experiente a lançar as suas últimas pitadas de lógica numa apaixonada argumentação final.

— Não caias na ilusão de pensar que vais ser um marido mais carinhoso e meigo quando a tua firma contratar mais estagiários para aliviar o teu fardo. Não te convenças de que vais começar a enriquecer a tua mente, a cuidar do teu corpo e a alimentar a tua alma, quando a tua conta bancária estiver suficientemente gorda e tu tiveres mais tempo livre. Hoje é o dia em que tens de aproveitar a vida e viver em pleno. Hoje é o dia em que tens de usar a tua imaginação e plantar os teus sonhos. E, por favor, nunca te esqueças da benesse que é a família.

— O que é que queres dizer, Julian?

— Vive a infância dos teus filhos — foi a resposta, tão simples.

— Hã? — murmurei, perplexo por aquele aparente paradoxo.

— São poucas as coisas tão importantes como fazer parte da infância dos teus filhos. De que serve subir a escada do sucesso, se pelo caminho perdeste os primeiros passos dos teus próprios filhos? De que vale ser dono da maior casa do bairro, se não tiveste tempo para criar um lar? De que serve ser conhecido de uma ponta a outra do país como advogado de renome, se os teus filhos nem sequer conhecem o próprio pai? — explicou Julian, a sua voz tremendo de emoção. — Sei bem do que falo.

Este último comentário deixou-me estupefacto. Tudo o que eu sabia sobre o Julian era que ele fora um advogado cinco estrelas que andara na companhia de ricos e famosos. As suas aventuras amorosas com supermodelos eram quase tão lendárias quanto as suas capacidades em tribunal. O que é que este antigo *playboy* milionário podia entender sobre a paternidade? O que é que ele sabia sobre as dificuldades diárias que eu enfrentava ao tentar agradar a gregos e troianos, ao tentar ser um excelente pai e um advogado de sucesso? Mas o sexto sentido de Julian captou os meus pensamentos.

— Eu sei umas quantas coisas sobre a bênção que são as crianças — disse ele, baixinho.

— Mas eu sempre pensei que tu eras o solteiro mais cobiçado da cidade antes de largares tudo e desistires da tua carreira.

— Sabes que, antes de eu ter sido apanhado pelo ritmo de vida frenético, fui casado.

— Sei.

Ele fez uma pausa, como uma criança faria antes de contar ao melhor amigo um segredo muito bem guardado.

— O que não sabes é que eu tive uma filha pequena. Era a criatura mais doce e meiga que já conheci em toda a minha vida. Nessa época, eu era um pouco como tu, quando nos conhecemos: arrogante, ambicioso e cheio de esperança. Eu tinha tudo o que se pode querer na vida. Toda a gente me dizia que eu tinha um futuro brilhante, uma mulher lindíssima e uma filha maravilhosa. Mas, quando a vida parecia estar perfeita, tiraram-me tudo num abrir e fechar de olhos.

Pela primeira vez desde o seu regresso, o rosto sempre alegre de Julian foi coberto por uma expressão de tristeza. Uma lágrima solitária deslizou por uma das suas faces bronzeadas e caiu sobre o tecido aveludado do seu manto cor de rubi. Fiquei sem fala, comovido pela revelação do meu amigo de longa data.

— Não precisas de contar mais nada, Julian — disse eu, cheio de compaixão, abraçando-o para o reconfortar.

— Preciso, sim, John. De todas as pessoas que conheci na minha vida anterior, tu eras a que tinha mais potencial. Como disse, fazias-me lembrar eu próprio, quando era mais novo. Ainda hoje continuas a ter tantas coisas a teu favor. Mas se continuares a viver como tens feito até aqui, estás condenado ao fracasso. Eu voltei para te mostrar que há tantas maravilhas no mundo à espera de serem exploradas, tantos momentos que ainda tens para saborear.

»O condutor embriagado que matou a minha filha — contou Julian — não cerceou apenas uma vida, naquela tarde soalheira de outubro: cerceou duas vidas. Depois da morte da minha filha, a minha vida desmoronou. Comecei a passar dia e noite no escritório, na esperança tola de que a minha carreira pudesse salvar-me da dor de um coração destroçado. Às vezes, chegava a dormir no sofá do meu gabinete, com medo de voltar para casa, onde jaziam tantas doces recordações. E, embora a minha carreira fosse um sucesso, o meu mundo interior era o caos. A minha mulher, que estava comigo desde a faculdade, deixou-me, dizendo que a minha obsessão pelo trabalho fora a última gota de água. A minha saúde deteriorou-se e eu caí na espiral da vida infame que conheceste. Sim, tinha dinheiro para comprar este mundo e o outro. Mas consegui-o a troco de vender a minha alma, é essa a verdade — rematou Julian, comovido, com um nó na garganta.

— Portanto, quando dizes «Vive a infância dos teus filhos», estás basicamente a dizer-me para arranjar tempo para vê-los crescer e desabrochar. É isso, não é?

— Ainda hoje, vinte e sete anos depois de a minha filha ter falecido, quando a levávamos à festa de aniversário da sua melhor amiga, eu daria tudo só para tornar a ouvir o seu riso, ou para brincar às escondidas com ela, como costumávamos fazer no jardim da nossa casa. Adorava pegar-lhe ao colo e acariciar os seus cabelos dourados. Quando ela morreu, levou um pedaço do meu coração. E embora a minha vida tenha sido imbuída de um novo significado, desde que encontrei o caminho para o esclarecimento e para a autoliderança em Sivana, não há dia que passe em que não veja a carita rosada da minha filha, no teatro silencioso da minha mente. Tens uns filhos lindos, John. Não deixes de ver a floresta para lá das árvores. A melhor prenda que podes dar aos teus filhos é o teu amor. Conhece-os. Mostra-lhes que eles são muito mais importantes do que as recompensas fugazes da tua carreira profissional. Em breve, eles vão seguir as suas próprias vidas, vão construir a sua própria família. E então será demasiado tarde, o tempo terá passado.

Julian tocara-me num ponto extremamente sensível. Acho que, no fundo, eu já sabia há algum tempo que o meu ritmo frenético de trabalho estava lenta, mas gradualmente, a destruir os meus laços familiares. Mas era como uma faúlha a arder discretamente, ganhando lentamente energia para depois revelar as verdadeiras dimensões do seu poder destrutivo. Eu sabia que os meus filhos precisavam de mim, ainda que não mo dissessem. Eu precisava mesmo de ouvir aquele discurso de Julian. O tempo estava a passar e os meus filhos a crescerem tão depressa! Não me lembrava da última vez que tinha ido à pesca com o meu filho Andy, numa manhã fria de sábado, no lugar que o avô dele tanto adorava. Houve uma época em que íamos todos os fins de semana. Agora, este ritual honrado por várias gerações parecia pertencer às memórias de outra pessoa qualquer.

Quanto mais pensava nisso, mais era confrontado com a dura realidade. Recitais de piano, peças de Natal, campeonatos de basebol — eu trocara-os a todos pela minha carreira.

— O que é que eu fiz à minha vida?... — perguntei-me em voz alta, perplexo. Estava realmente a escorregar pela encosta abaixo, como Julian dissera. Ali, naquele preciso instante, decidi mudar.

— A felicidade é uma viagem — prosseguiu Julian, a sua voz tornando a subir de tom, apaixonada. — É também uma escolha que fazes. Podes apreciar os diamantes que encontras pelo caminho, ou podes continuar a correr de dia para dia, em busca do tal pote de ouro ao fundo do arco-íris, que acabarás por descobrir que está vazio. Desfruta dos momentos especiais que cada dia te oferece, porque hoje, este dia de hoje, é tudo o que tens.

— Qualquer pessoa pode aprender a «viver no agora»?

— Claro que pode. Sejam quais forem as tuas atuais circunstâncias de vida, podes aprender a apreciar o dom de viver e a preencher a tua existência com as joias do quotidiano.

— Mas não achas que isso é um bocado otimista de mais? Por exemplo, uma pessoa que tenha perdido tudo o que possui na vida, por causa de um negócio que deu para o torto. Não só está na falência financeira, como entrou também em rutura emocional.

— O tamanho da tua conta bancária e o tamanho da tua casa não têm nada a ver com viver cheio de alegria e maravilha. O mundo está cheio de milionários infelizes. Achas que os sábios que conheci em Sivana estavam preocupados em ter uma conta bancária equilibrada e em comprar uma casa no Sul de França? — perguntou Julian, com um sorriso.

— Está bem, já percebi onde queres chegar.

— Há uma diferença enorme entre ganhar muito dinheiro e ganhar muito na vida. Quando começares a tirar nem que seja cinco minutos por dia para praticares a arte da gratidão, cultivarás a riqueza de vida que procuras. Até o exemplo que deste, de uma pessoa na falência, pode encontrar uma abundância de coisas boas na sua vida, pelas quais se sentir grata, apesar das suas dificuldades financeiras. Pergunta-lhe se ainda tem saúde, uma família que a adora e boa reputação na sua comunidade. Pergunta-lhe se está feliz por ser cidadão deste grande país e se ainda tem um teto para se abrigar. Talvez não tenha bens, a não ser a sua capacidade de trabalhar muito e a capacidade de sonhar grandes sonhos. Mas estes são bens preciosos, pelos quais essa pessoa devia sentir-se grata. Todos temos muito a agradecer. Até os pássaros que cantam no parapeito da nossa janela, num dia glorioso de verão, se afiguram um dom para os sábios. Lembra-te, John, de que a vida nem sempre te dá o que pedes, mas dá-te sempre aquilo de que precisas.

— Portanto, se eu agradecer todos os dias por todos os meus bens, sejam materiais ou espirituais, criarei o hábito de viver no momento presente?

— Sim. É um método eficaz para viver com mais ímpeto, com mais garra. Quando saboreias o «agora», acendes a chama da vida que te permite cultivar o teu destino.

— Cultivar o meu destino?

— Sim. Disse-te antes que a todos nos foram concedidos determinados dons. Todas as pessoas à face da terra, sem exceção, são génios.

— Estou a ver que não conheces alguns dos advogados com quem trabalho — comentei, a brincar.

— Todas as pessoas — repetiu Julian enfaticamente. — Todos temos algo a fazer na vida. O teu génio vem à tona e a tua existência enche-se de felicidade no instante em que descobres qual é a tua missão suprema na vida e começas a canalizar para aí todas as tuas energias. Assim que estás ciente da tua missão, seja ela tornares-te um grande professor primário ou um artista inspirado, todos os teus desejos se começam a realizar sem esforço. Nem sequer tens de tentar. Aliás, quanto mais tentares, mais tempo demorarás a alcançar os teus objetivos. Em vez disso, limita-te a seguir o caminho dos teus sonhos, na expectativa de colheres as riquezas que encontrarás seguramente. Assim chegarás ao teu destino divino. É isto que quero dizer com «cultivar o teu destino» — explicou Julian sabiamente.

— Quando eu era miúdo — prosseguiu Julian —, o meu pai adorava ler-me um conto de fadas chamado «Pedro e o fio mágico». Pedro era um menino muito alegre. Toda a gente gostava dele: a família, os professores e os amigos. Mas ele tinha um ponto fraco.

— Qual era?

— O Pedro não conseguia viver no presente. Não aprendera a apreciar o processo da vida. Quando estava na escola, sonhava em ir lá para fora brincar. Quando estava a brincar, sonhava com as férias de verão. O Pedro passava os dias a sonhar acordado, sem tempo para saborear os momentos especiais que preenchiam a sua vida. Um dia de manhã, o Pedro estava a passear na floresta perto de sua casa. Como se sentia cansado, decidiu descansar numa clareira e acabou por adormecer. Passados uns minutos apenas, ouviu alguém chamá-lo. «Pedro! Pedro!», gritava a voz estridente lá do alto. Quando abriu os olhos, apanhou um susto ao ver uma mulher de pé à sua frente. Ela devia ter mais de cem anos e os seus cabelos brancos como neve ultrapassavam, em comprimento, os ombros, como um cobertor de lã. Na mão enrugada, a mulher tinha uma bolinha mágica com um furo no meio, por onde passava um comprido fio dourado.

»Disse ela: «Pedro, este é o fio da tua vida. Se puxares o fio um bocadinho, uma hora passará em segundos. Se puxares com força, vários dias passarão em minutos. E se puxares com toda a tua força, meses, e até anos, passarão numa questão de dias.» O Pedro ficou excitado com esta descoberta. «Posso ficar com ele?», perguntou. A velhinha baixou-se e deu ao menino a bola com o fio mágico.

»No dia seguinte, o Pedro começou a ficar irrequieto e entediado, durante as aulas. De repente, lembrou-se do seu brinquedo novo. Assim que puxou o fio um bocadinho, encontrou-se em casa, a brincar no jardim. Apercebendo-se do poder do fio mágico, o Pedro rapidamente se cansou de ser um menino de escola e desejou ser adolescente, com todas as aventuras que essa fase da vida lhe traria. Portanto, pegou na bola e puxou o fio dourado com força.

»De repente, ele era um adolescente, com uma namorada muito bonita chamada Eliza. Mas nem assim o Pedro estava satisfeito. Nunca aprendera a saborear o presente e a explorar as simples maravilhas de cada fase da vida. Em vez disso, sonhava em ser adulto. Portanto, tornou a puxar o fio e passaram-se muitos anos num instantinho. Agora, ele transformara-se num adulto de meia-idade. Eliza era sua mulher e o Pedro estava rodeado de um bando de filhos. Mas o Pedro reparou noutra coisa. O seu cabelo, outrora preto retinto, começara a ficar grisalho. E a sua jovem mãe, que ele tanto adorava, tornara-se velhinha e frágil. Mas nem assim o Pedro conseguia viver no presente. Nunca aprendera a fazê-lo. Portanto, tornou a puxar o fio mágico e esperou que as mudanças ocorressem.

»O Pedro viu-se na pele de um homem de noventa anos. Os seus cabelos pretos e grossos estavam brancos como a neve e a sua jovem mulher Eliza também envelhecera e morrera uns anos antes. Os seus queridos filhos tinham crescido e saído de casa, para viverem as suas próprias vidas. Pela primeira vez em toda a sua vida, o Pedro percebeu que não parara para aproveitar as maravilhas de viver. Nunca fora à pesca com os filhos, nem dera um passeio ao luar com Eliza. Nunca plantara um jardim, nem lera um daqueles livros maravilhosos que a sua mãe adorava ler. Pelo contrário, passara pela vida a correr, sem nunca descansar para ver tudo o que havia de bom à sua volta.

»O Pedro ficou muito triste com esta descoberta. Decidiu ir dar um passeio pela floresta, como costumava fazer em criança, para esclarecer as ideias e consolar o espírito. Ao entrar na floresta, reparou que os pequenos rebentos da sua infância se tinham transformado em imponentes carvalhos. A própria floresta amadurecera e tornara-se num paraíso natural. Deitou-se numa clareira e caiu num sono pesado. Passado um minuto, ouviu alguém chamá-lo. «Pedro! Pedro!», gritava a voz. Ele olhou para cima, espantado, e viu que era precisamente a velhinha que lhe dera a bola com o mágico fio dourado, há tantos e tantos anos. «Gostaste da minha prenda especial?», perguntou ela. O Pedro respondeu sem hesitação. «No início, achei-a divertida, mas agora detesto-a. A minha vida inteira passou-me diante dos olhos sem eu ter oportunidade de a aproveitar. Sim, teria vivido momentos tristes a par com os momentos alegres, mas não tive oportunidade de viver nenhum deles. Sinto-me vazio por dentro. O dom de viver escapou-se-me por entre os dedos.» Disse a velhinha: «És muito ingrato mas, apesar disso, vou conceder-te um último desejo.» O Pedro pensou por uns instantes e, depois, apressou-se a responder: «Quero voltar a ser um menino de escola e tornar a viver a minha vida.» E adormeceu novamente. Acordou outra vez com uma voz a chamá-lo e abriu os olhos. «Quem será desta vez?», interrogou-se. E, de repente, viu a mãe junto da sua cama. Era jovem, saudável e radiosa. O Pedro percebeu que a estranha mulher da floresta lhe concedera, de facto, o seu desejo e que ele regressara à sua vida anterior. «Despacha-te, Pedro. Dormes demasiado. Os teus sonhos vão fazer-te chegar tarde à escola se não te levantares imediatamente», repreendeu a mãe. Escusado será dizer que o Pedro se levantou de um salto, nessa manhã, e começou a viver a vida como esperara. O Pedro teve uma vida preenchida, cheia de deleites, alegrias e triunfos, mas essa vida só começou depois de ele parar de sacrificar o presente em nome do futuro e decidir viver o momento presente.

— Que história incrível! — disse eu, baixinho.

— Infelizmente, John, a história do Pedro e do fio mágico é apenas isso: uma história, um conto de fadas. Aqui, no mundo real, nunca teremos uma segunda oportunidade para viver a vida na sua plenitude. Hoje é a tua oportunidade de despertar para o dom de viver... antes que seja demasiado tarde. O tempo esvai-se realmente por entre os nossos dedos, como ínfimos grãos de areia. Permite que este novo dia seja o momento decisivo da tua vida, o dia em que decides, de uma vez por todas, concentrar-te no que é verdadeiramente importante para ti. Decide passar mais tempo com as pessoas que enchem a tua vida de significado. Venera os momentos especiais, delicia-te com o seu poder. Faz as coisas que sempre quiseste fazer. Escala a montanha que sempre quiseste escalar, ou aprende a tocar trompete. Dança à chuva ou monta uma nova empresa. Aprende a gostar de música, aprende uma nova língua e acende a chama da tua infância. Para de adiar a tua felicidade em nome da conquista. Pelo contrário, por que não desfrutas do processo? Reaviva o teu espírito e começa a tratar da tua alma. É este o caminho para o Nirvana.

— O Nirvana?

— Os Sábios de Sivana acreditavam que o destino último de todas as almas esclarecidas é um lugar chamado Nirvana. Aliás, os sábios acreditavam que o Nirvana era mais do que um lugar, era um estado, transcendente a tudo o que conhecemos anteriormente. No Nirvana, tudo era possível. Não existia sofrimento e a dança da vida desenrolava-se com perfeição divina. Ao chegar ao Nirvana, os sábios julgavam que entravam no Paraíso na Terra. Era esse o seu objetivo supremo na vida — explicou Julian, o seu rosto irradiando uma paz quase angelical.

»Estamos todos na terra por um motivo em especial — continuou ele, profeticamente. — Medita, pensa qual é a tua verdadeira vocação e como te podes entregar às outras pessoas. Para de ser prisioneiro da gravidade. Hoje, acende a tua centelha de vida e deixa que ela brilhe intensamente. Começa a aplicar os princípios e estratégias que partilhei contigo. Sê tudo o que podes ser. Chegará um dia em que também tu provarás os frutos desse lugar chamado Nirvana.

— Como é que eu vou saber que cheguei a esse estado de esclarecimento?

— Vão aparecer pequenos sinais para confirmar a tua entrada. Começarás a reparar na sacralidade de tudo o que te rodeia: a divindade de um raio de luar, a beleza de um esplendoroso céu azul num dia muito quente de verão, o desabrochar fragrante de uma margarida ou o riso divertido de uma criança.

— Julian, prometo-te que o tempo que passaste comigo não foi em vão. Dedicar-me-ei a viver de acordo com a sabedoria dos Sábios de Sivana e cumprirei a minha promessa de partilhar com outros tudo o que aprendi aqui. Falo-te do fundo do coração. Dou-te a minha palavra de honra — jurei com toda a sinceridade, sentindo-me profundamente emocionado.

— Divulga o rico legado dos sábios a todas as pessoas que te rodeiam. Rapidamente beneficiarão deste conhecimento e melhorarão a sua qualidade de vida, tal como tu vais melhorar a tua. E lembra-te de que a viagem é para ser desfrutada. A estrada é tão importante como o destino.

Deixei Julian continuar.

— O Iogue Raman era um excelente contador de histórias, mas houve uma que ele me contou que se destacou das outras. Posso partilhá-la contigo?

— Com certeza.

— Há muitos anos, na antiga Índia, havia um marajá que queria construir um enorme monumento em homenagem à sua mulher, como símbolo do seu profundo amor e afeto por ela. Este homem queria criar um edifício nunca antes visto no mundo, um edifício que reluzisse ao luar, que as pessoas admirassem durante séculos. Portanto, todos os dias, pedra por pedra, os seus operários trabalharam ao sol escaldante. Todos os dias, essa estrutura começava a parecer cada vez mais definida, cada vez mais monumental, cada vez mais um farol de amor contra o azul profundo do céu indiano. Finalmente, ao fim de vinte e dois anos de trabalho constante e diário, o palácio de puro mármore ficou pronto. Já adivinhaste do que estou a falar?

— Não faço a mínima ideia.

— Do Taj Mahal. Uma das Sete Maravilhas do Mundo — respondeu Julian. — A questão é muito simples. Toda a gente neste planeta é uma maravilha do mundo. Todos nós somos heróis, de uma maneira ou doutra. Todos nós temos potencial para alcançar grandes feitos, felicidade e realização eternas. Basta darmos uns pequenos passos na direção dos nossos sonhos. Como o Taj Mahal, também uma vida transbordante de maravilhas é construída dia a dia, pedra por pedra. As pequenas vitórias conduzem a grandes vitórias. Pequenas mudanças e melhorias graduais, como as que eu sugeri, criarão hábitos positivos. Os hábitos positivos criam resultados. E os resultados inspiram-te a fazer uma mudança pessoal ainda maior. Começa a viver cada dia como se fosse o último. A começar já hoje, aprende mais, ri mais e faz o que realmente gostas de fazer. Não negues a ti próprio o teu destino. Porque o que ficou para trás e o que está por vir são coisas pequenas, em comparação com o que tu tens dentro de ti.

Sem dizer mais nada, Julian Mantle, o advogado milionário transformado em monge iluminado, levantou-se, abraçou-me como se eu fosse o irmão que ele nunca teve e saiu da minha sala para o calor espesso de mais um dia quente de verão. Sentado, sozinho, a organizar os meus pensamentos, reparei que a única prova que eu tinha da extraordinária visita deste sábio mensageiro se encontrava silenciosamente à minha frente, em cima da mesa. Era a sua chávena vazia.

Sumário do Capítulo 13
A sabedoria de Julian em Poucas Palavras

O símbolo	
A virtude	Vive no presente
A sabedoria	• Vive no «agora». Saboreia o dom do presente • Nunca sacrifiques a felicidade em nome da conquista • Aprecia a viagem e vive cada dia como se fosse o último
As técnicas	• Vive a infância dos teus filhos • Pratica a gratidão • Cultiva o teu destino
Citação	*Estamos todos na terra por um motivo especial. Para de ser prisioneiro do teu passado. Torna-te o arquiteto do teu futuro.* *O Monge Que Vendeu o Seu Ferrari.*

As 7 virtudes intemporais para uma vida esclarecida

	Virtude	Símbolo
1	Domina a tua mente	O jardim magnífico
2	Cumpre os teus objetivos	O imponente farol
3	Pratica o *kaizen*	O lutador de *sumo*
4	Vive com disciplina	O cabo cor-de-rosa
5	Respeita o teu tempo	O cronómetro de ouro
6	Serve os outros altruisticamente	As rosas perfumadas
7	Vive no presente	O carreiro de diamantes

Um Pedido

Robin S. Sharma gostaria de saber de que maneira é que este livro afetou a sua vida. Partilhe as suas histórias de sucesso, as suas perceções e experiências. Tem sugestões ou citações que gostaria de partilhar com outros leitores na famosa *newsletter* de Robin, *The Sharma Leadership Report*? Por favor, envie-nos os seus comentários. Robin fará o possível por lhe responder pessoalmente. Queremos ouvir as suas opiniões!

Escreva, por favor, para Robin S. Sharma, ao cuidado de:

SHARMA LEADERSHIP INTERNATIONAL INC.
92 B Scollard St. 2nd floor
Toronto, Ontario
Canada
M5R 1G2
e-mail: support@robinsharma.com

Visite o *site* de Robin S. Sharma em www.robinsharma.com

Índice

Rua Prof. Jorge da Silva Horta, n.º 1
1500-499 Lisboa | Portugal
Tel. (+351) 217 626 000

www.pergaminho.pt